Regalo de Dios

Dios

para la

Familia

Regalo de
Dios

para la

Familia

BETANIA

Un Sello de Editorial Caribe

Betania es un sello de Editorial Caribe,
Una división de Thomas Nelson.

©2000 Editorial Caribe
Nashville, TN - Miami,FL
www.editorialcaribe.com

Título del original en inglés:
God's Word for the Family
©19944,1995
Publicado por Word Publishing,Inc.

ISBN   0-88113-574-7

Diseño: www.sam-d.com

Texto bíblico ©1960 Sociedades Bíblicas Unidas.

Impreso en EE. UU.
Printed in the U.S.A.

CONTENIDO

1. DIOS LE PROMETE A SU FAMILIA

2. DIOS LO GUÍA EN LAS RELACIONES

3. DIOS EDIFICA SU FAMILIA

CONTENIDO

4. DIOS BENDICE A SU FAMILIA

5. DIOS CAMBIA A SU FAMILIA

6. DIOS PROTEGE A SU FAMILIA

CONTENIDO

7. DIOS CUBRE SU FAMILIA

8. DIOS LE DA GRATUITAMENTE A SU FAMILIA

9. DIOS RETA A SU FAMILIA

CONTENIDO

10. DIOS GUARDA A SU FAMILIA

DIOS
LE PROMETE
A SU
FAMILIA

Vida Eterna

Y como Moisés levantó la serpiente en el desierto, así es necesario que el Hijo del Hombre sea levantado.

Para que todo aquel que en Él cree, no se pierda, mas tenga vida eterna.

Porque de tal manera amó Dios al mundo, que ha dado a su Hijo unigénito, para que todo aquel que en Él cree, no se pierda, mas tenga vida eterna.

Porque no envió Dios a su Hijo al mundo para condenar al mundo, sino para que el mundo sea salvo por Él.

Juan 3.14-17

Lo que habéis oído desde el principio, permanezca en vosotros. Si lo que habéis oído desde el principio permanece en vosotros, también vosotros permaneceréis en el Hijo y en el Padre.

Y esta es la promesa que Él nos hizo, la vida eterna.

1 Juan 2.24, 25

Y habiendo sido perfeccionado, vino a ser autor de eterna salvación para todos los que le obedecen.

Hebreos 5.9

Pero vemos a aquel que fue hecho un poco menor que los ángeles, a Jesús, coronado de gloria y de honra, a causa del padecimiento de la muerte, para que por la gracia de Dios gustase la muerte por todos.

Porque convenía a aquel por cuya causa son todas las cosas, y por quien todas las cosas subsisten, que habiendo de llevar muchos hijos a la gloria, perfeccionase por aflicciones al autor de la salvación de ellos.

Porque el que santifica y los que son santificados, de uno son todos; por lo cual no se avergüenza de llamarlos hermanos.

Diciendo: anunciaré a mis hermanos tu nombre, en medio de la congregación te alabaré.

Y otra vez: yo confiaré en Él. Y de nuevo: he aquí, yo y los hijos que Dios me dio.

Así que, por cuanto los hijos participaron de carne y sangre, Él también participó de lo mismo, para destruir por medio de la muerte al que tenía el imperio de la muerte, esto es, al diablo.

Y librar a todos los que por el temor de la muerte estaban durante toda la vida sujetos a servidumbre.

Hebreos 2.9-15

He aquí, os digo un misterio: No todos dormiremos; pero todos seremos transformados.

En un momento, en un abrir y cerrar de ojos, a la final trompeta; porque se tocará la trompeta, y los muertos serán resucitados incorruptibles, y nosotros seremos transformados.

Porque es necesario que esto corruptible se vista de incorrupción, y esto mortal se vista de inmortalidad.

Y cuando esto corruptible se haya vestido de incorrupción, y esto mortal se haya vestido de inmortalidad, entonces se cumplirá la palabra que está escrita: Sorbida es la muerte en victoria.

¿Dónde está, oh muerte, tu aguijón? ¿Dónde, oh sepulcro, tu victoria?

Ya que el aguijón de la muerte es el pecado, y el poder del pecado, la ley.

Mas gracias sean dadas a Dios, que nos da la victoria por medio de nuestro Señor Jesucristo.

1 Corintios 15.51-57

Conservaos en el amor de Dios, esperando la misericordia de nuestro Señor Jesucristo para vida eterna.

A algunos que dudan, convencedlos.

A otros salvad, arrebatándolos del fuego; y de otros tened misericordia con temor, aborreciendo aun la ropa contaminada por su carne.

Y a aquel que es poderoso para guardaros sin caída, y presentaros sin mancha delante de su gloria con gran alegría.

Al único y sabio Dios, nuestro Salvador, sea gloria y majestad, imperio y potencia, ahora y por todos los siglos. Amén.

Judas 1.21-25

¿Quién es el que condenará? Cristo es el que murió; más aun, el que también resucitó, el que además está a la diestra de Dios, el que también intercede por nosotros.

¿Quién nos separará del amor de Cristo? ¿Tribulación, o angustia, o persecución, o hambre, o desnudez, o peligro, o espada?

Como está escrito: Por causa de ti somos muertos todo el tiempo; somos contados como ovejas de matadero.

Antes, en todas estas cosas somos más que vencedores por medio de aquel que nos amó.

Por lo cual estoy seguro de que ni la muerte, ni la vida, ni ángeles, ni principados, ni potestades, ni lo presente, ni lo por venir.

Ni lo alto, ni lo profundo, ni ninguna otra cosa creada nos podrá separar del amor de Dios, que es en Cristo Jesús Señor nuestro.

Romanos 8.34-39

El ladrón no viene sino para hurtar y matar y destruir; yo he venido para que tengan vida, y para que la tengan en abundancia.

Mis ovejas oyen mi voz, y yo las conozco, y me siguen.

Y yo les doy vida eterna; y no perecerán jamás, ni nadie las arrebatará de mi mano.

Mi Padre que me las dio, es mayor que todos, y nadie las puede arrebatar de la mano de mi Padre.

Yo y el Padre uno somos.

Juan 10.10, 27-30

Destruirá a la muerte para siempre; y enjugará Jehová el Señor toda lágrima de todos los rostros; y quitará la afrenta de su pueblo de toda la tierra; porque Jehová lo ha dicho.

Y se dirá en aquel día: He aquí, éste es nuestro Dios, le hemos esperado, y nos salvará; éste es Jehová a quien hemos esperado, nos gozaremos y nos alegraremos en su salvación.

Isaias 25.8, 9

Seguridad

Bienaventurada la nación cuyo Dios es Jehová, el pueblo que Él escogió como heredad para sí.

Desde los cielos miró Jehová; vio a todos los hijos de los hombres;

Desde el lugar de su morada miró sobre todos los moradores de la tierra.

Él formó el corazón de todos ellos; atento está a todas sus obras.

El rey no se salva por la multitud del ejército, ni escapa el valiente por la mucha fuerza.

Vano para salvarse es el caballo; la grandeza de su fuerza a nadie podrá librar.

He aquí el ojo de Jehová sobre los que le temen, sobre los que esperan en su misericordia.

Para librar sus almas de la muerte, y para darles vida en tiempo de hambre. Nuestra alma espera a Jehová; nuestra ayuda y nuestro escudo es Él.

Salmos 33.10-20

He aquí, yo estoy contigo, y te guardaré por dondequiera que fueres, y volveré a traerte a esta tierra; porque no te dejaré hasta que haya hecho lo que te he dicho.

Génesis 28.15

Jehová será refugio del pobre, refugio para el tiempo de angustia.

En ti confiarán los que conocen tu nombre, por cuanto tú, oh Jehová, no desamparaste a los que te buscaron.

Cantad a Jehová, que habita en Sion; publicad entre los pueblos sus obras.

Porque el que demanda la sangre se acordó de ellos; no se olvidó del clamor de los afligidos.

Salmos 9.9-12

Echando toda vuestra ansiedad sobre Él, porque Él tiene cuidado de vosotros.

Sed sobrios, y velad; porque vuestro adversario el diablo, como león rugiente, anda alrededor buscando a quien devorar.

Al cual resistid firmes en la fe, sabiendo que los mismos padecimientos se van cumpliendo en vuestros hermanos en todo el mundo.

Mas el Dios de toda gracia, que nos llamó a su gloria eterna en Jesucristo, después que hayáis padecido un poco de tiempo, Él mismo os perfeccione, afirme, fortalezca y establezca.

A Él sea la gloria y el imperio por los siglos de los siglos. Amén.

1 Pedro 5.7-11

Alzaré mis ojos a los montes; ¿De dónde vendrá mi socorro?

Mi socorro viene de Jehová, que hizo los cielos y la tierra.

No dará tu pie al resbaladero, ni se dormirá el que te guarda.

He aquí, no se adormecerá ni dormirá el que guarda a Israel.

Jehová es tu guardador; Jehová es tu sombra a tu mano derecha.

El sol no te fatigará de día, ni la luna de noche.

Jehová te guardará de todo mal; el guardará tu alma.

Jehová guardará tu salida y tu entrada desde ahora y para siempre.

Salmos 121.1-8

Oh Dios, acude a librarme; apresúrate, oh Dios, a socorrerme.

Sean avergonzados y confundidos los que buscan mi vida; Sean vueltos atrás y avergonzados los que mi mal desean.

Sean vueltos atrás, en pago de su afrenta hecha, los que dicen: ¡Ah! ¡Ah!

Gócense y alégrense en ti todos los que te buscan, y digan siempre los que aman tu salvación: Engrandecido sea Dios.

Yo estoy afligido y menesteroso; apresúrate a mí, oh Dios. Ayuda mía y mi libertador eres tú; oh Jehová, no te detengas.

Salmos 70.1-5

En ti, oh Jehová, me he refugiado; no sea yo avergonzado jamás.

Socórreme y líbrame en tu justicia; inclina tu oído y sálvame.

Sé para mí una roca de refugio, adonde recurra yo continuamente. Tú has dado mandamiento para salvarme, porque tú eres mi roca y mi fortaleza.

Dios mío, líbrame de la mano del impío, de la mano del perverso y violento.

Porque tú, oh Señor Jehová, eres mi esperanza, seguridad mía desde mi juventud.

En ti he sido sustentado desde el vientre; de las entrañas de mi madre tú fuiste el que me sacó; de ti será siempre mi alabanza.

Como prodigio he sido a muchos, y tú mi refugio fuerte.

Salmos 71.1-7

Bendito sea Jehová, que no nos dio por presa a los dientes de ellos.

Nuestra alma escapó cual ave del lazo de los cazadores; se rompió el lazo, y escapamos nosotros.

Nuestro socorro está en el nombre de Jehová, que hizo el cielo y la tierra.

Salmos 124.6-8

Paz

Abrid las puertas, y entrará la gente justa, guardadora de verdades.

Tú guardarás en completa paz a aquel cuyo pensamiento en ti persevera; porque en ti ha confiado.

Confiad en Jehová perpetuamente, porque en Jehová el Señor está la fortaleza de los siglos.

Isaias 26.2-4

La paz os dejo, mi paz os doy; yo no os la doy como el mundo la da. No se turbe vuestro corazón, ni tenga miedo.

Juan 14.27

Estas cosas os he hablado para que en mí tengáis paz. En el mundo tendréis aflicción; pero confiad, yo he vencido al mundo.

Juan 16.33

Pedid por la paz de Jerusalén; sean prosperados los que te aman.

Sea la paz dentro de tus muros, y el descanso dentro de tus palacios.

Por amor de mis hermanos y mis compañeros diré yo: La paz sea contigo.

Por amor a la casa de Jehová nuestro Dios buscaré tu bien.

Salmos 122.6-9

Me regocijo en tu palabra como el que halla muchos despojos.

La mentira aborrezco y abomino; tu ley amo.

Siete veces al día te alabo a causa de tus justos juicios.

Mucha paz tienen los que aman tu ley, y no hay para ellos tropiezo.

Salmos 119.162-165

Pues Dios no es Dios de confusión, sino de paz.

1 Corintios 14.33

Justificados, pues, por la fe, tenemos paz para con Dios por medio de nuestro Señor Jesucristo.

Por quien también tenemos entrada por la fe a esta gracia en la cual estamos firmes, y nos gloriamos en la esperanza de la gloria de Dios.

Romanos 5.1,2

Y la paz de Dios gobierne en vuestros corazones, a la que asimismo fuisteis llamados en un solo cuerpo; y sed agradecidos.

Colosenses 3.15

Consuelo

Claman los justos, y Jehová oye, y los libra de todas sus angustias.

Cercano está Jehová a los quebrantados de corazón; y salva a los contritos de espíritu.

Muchas son las aflicciones del justo, pero de todas ellas le librará Jehová.

Él guarda todos sus huesos; ni uno de ellos será quebrantado.

Matará al malo la maldad, y los que aborrecen al justo serán condenados.

Jehová redime el alma de sus siervos, y no serán condenados cuantos en Él confían.

Salmos 34.17-22

Si no me ayudara Jehová, pronto moraría mi alma en el silencio.

Cuando yo decía: Mi pie resbala, tu misericordia, oh Jehová, me sustentaba.

En la multitud de mis pensamientos dentro de mí, tus consolaciones alegraban mi alma.

Salmos 94.17-19

Ella es mi consuelo en mi aflicción, porque tu dicho me ha vivificado.

Los soberbios se burlaron mucho de mí, mas no me he apartado de tu ley.

Me acordé, oh Jehová, de tus juicios antiguos, y me consolé.

Salmos 119.50-52

Oíd palabra de Jehová, oh naciones, y hacedlo saber en las costas que están lejos, y decid: El que esparció a Israel lo reunirá y guardará, como el pastor a su rebaño.

Porque Jehová redimió a Jacob, lo redimió de mano del más fuerte que él.

Y vendrán con gritos de gozo en lo alto de Sion, y correrán al bien de Jehová, al pan, al vino, al aceite, y al ganado de las ovejas y de las vacas; y su alma será como huerto de riego, y nunca más tendrán dolor.

Entonces la virgen se alegrará en la danza, los jóvenes y los viejos juntamente; y cambiaré su lloro en gozo, y los consolaré, y los alegraré de su dolor.

Y el alma del sacerdote satisfaré con abundancia, y mi pueblo será saciado de mi bien, dice Jehová.

Así ha dicho Jehová: Reprime del llanto tu voz, y de las lágrimas tus ojos; porque salario hay para tu trabajo, dice Jehová, y volverán de la tierra del enemigo.

Esperanza hay también para tu porvenir, dice Jehová, y los hijos volverán a su propia tierra.

Jeremías 31.10-14, 16, 17

Consolaos, consolaos, pueblo mío, dice vuestro Dios.

Hablad al corazón de Jerusalén; decidle a voces que su tiempo es ya cumplido, que su pecado es perdonado; que doble ha recibido de la mano de Jehová por todos sus pecados.

Todo valle sea alzado, y bájese todo monte y collado; y lo torcido se enderece, y lo áspero se allane.

Y se manifestará la gloria de Jehová, y toda carne juntamente la verá; porque la boca de Jehová ha hablado.

Isaias 40.1, 2, 4, 5

¿No es Efraín hijo precioso para mí? ¿no es niño en quien me deleito? pues desde que hablé de él, me he acordado de él constantemente. Por eso mis entrañas se conmovieron por él; ciertamente tendré de él misericordia, dice Jehová.

Porque satisfaré al alma cansada, y saciaré a toda alma entristecida.

Y así como tuve cuidado de ellos para arrancar y derribar, y trastornar y perder y afligir, tendré cuidado de ellos para edificar y plantar, dice Jehová.

Jeremías 31.20, 25, 28

Bendito sea el Dios y Padre de nuestro Señor Jesucristo, Padre de misericordias y Dios de toda consolación.

El cual nos consuela en todas nuestras tribulaciones, para que podamos también nosotros consolar a los que están en cualquier tribulación, por medio de la consolación con que nosotros somos consolados por Dios.

Porque de la manera que abundan en nosotros las aflicciones de Cristo, así abunda también por el mismo Cristo nuestra consolación.

Pero si somos atribulados, es para vuestra consolación y salvación; o si somos consolados, es para vuestra consolación y salvación, la cual se opera en el sufrir las mismas aflicciones que nosotros también padecemos.

Y nuestra esperanza respecto de vosotros es firme, pues sabemos que así como sois compañeros en las aflicciones, también lo sois en la consolación.

2 Corintios 1.3-7

No os dejaré huérfanos; vendré a vosotros.

Juan 14.18

No temas, porque yo estoy contigo; no desmayes, porque yo soy tu Dios que te esfuerzo; siempre te ayudaré, siempre te sustentaré con la diestra de mi justicia.

Isaias 41.10

Poder

Así que, hermanos míos amados y deseados, gozo y corona mía, estad así firmes en el Señor, amados.

No lo digo porque tenga escasez, pues he aprendido a contentarme, cualquiera que sea mi situación.

Sé vivir humildemente, y sé tener abundancia; en todo y por todo estoy enseñado, así para estar saciado como para tener hambre, así para tener abundancia como para padecer necesidad.

Todo lo puedo en Cristo que me fortalece.

Filipenses 4.1, 11-13

¿No has sabido, no has oído que el Dios eterno es Jehová, el cual creó los confines de la tierra? No desfallece, ni se fatiga con cansancio, y su entendimiento no hay quien lo alcance.

Él da esfuerzo al cansado, y multiplica las fuerzas al que no tiene ningunas.

Los muchachos se fatigan y se cansan, los jóvenes flaquean y caen.

Pero los que esperan a Jehová tendrán nuevas fuerzas; levantarán alas como las águilas; correrán, y no se cansarán; caminarán, y no se fatigarán.

Isaias 40.28-31

Creedme que yo soy en el Padre, y el Padre en mí; de otra manera, creedme por las mismas obras.

De cierto, de cierto os digo: El que en mí cree, las obras que yo hago, él las hará también; y aun mayores hará, porque yo voy al Padre.

Y todo lo que pidiereis al Padre en mi nombre, lo haré, para que el Padre sea glorificado en el Hijo.

Si algo pidiereis en mi nombre, yo lo haré.

Juan 14.11-13

Y les dijo: No os toca a vosotros saber los tiempos o las sazones, que el Padre puso en su sola potestad.

Pero recibiréis poder, cuando haya venido sobre vosotros el Espíritu Santo, y me seréis testigos en Jerusalén, en toda Judea, en Samaria, y hasta lo último de la tierra.

Hechos 1.7-8

Porque aunque fue crucificado en debilidad, vive por el poder de Dios. Pues también nosotros somos débiles en Él, pero viviremos con Él por el poder de Dios para con vosotros.

2 Corintios 13.4

Respecto a lo cual tres veces he rogado al Señor, que lo quite de mí.

Y me ha dicho: Bástate mi gracia; porque mi poder se perfecciona en la debilidad. Por tanto, de buena gana me gloriaré más bien en mis debilidades, para que repose sobre mí el poder de Cristo.

Por lo cual, por amor a Cristo me gozo en las debilidades, en afrentas, en necesidades, en persecuciones, en angustias; porque cuando soy débil, entonces soy fuerte.

2 Corintios 12.8-10

Para que el Dios de nuestro Señor Jesucristo, el Padre de gloria, os dé espíritu de sabiduría y de revelación en el conocimiento de Él.

Alumbrando los ojos de vuestro entendimiento, para que sepáis cuál es la esperanza a que Él os ha llamado, y cuáles las riquezas de la gloria de su herencia en los santos.

Y cuál la supereminente grandeza de su poder para con nosotros los que creemos, según la operación del poder de su fuerza

La cual operó en Cristo, resucitándole de los muertos y sentándole a su diestra en los lugares celestiales.

Sobre todo principado y autoridad y poder y señorío, y sobre todo nombre que se nombra, no sólo en este siglo, sino también en el venidero.

Y sometió todas las cosas bajo sus pies, y lo dio por cabeza sobre todas las cosas a la iglesia.

La cual es su cuerpo, la plenitud de Aquel que todo lo llena en todo.

Efesios 1.17-23

Por lo cual pido que no desmayéis a causa de mis tribulaciones por vosotros, las cuales son vuestra gloria.

Por esta causa doblo mis rodillas ante el Padre de nuestro Señor Jesucristo.

De quien toma nombre toda familia en los cielos y en la tierra.

Para que os dé, conforme a las riquezas de su gloria, el ser fortalecidos con poder en el hombre interior por su Espíritu; y a Aquel que es poderoso para hacer todas las cosas mucho más abundantemente de lo que pedimos o entendemos, según el poder que actúa en nosotros.

A Él sea gloria en la iglesia en Cristo Jesús por todas las edades, por los siglos de los siglos. Amén.

Efesios 3.13-16, 20, 21

Justicia

No te impacientes a causa de los malignos, ni tengas envidia de los que hacen iniquidad.

Porque como hierba serán pronto cortados, y como la hierba verde se secarán.

Confía en Jehová, y haz el bien; y habitarás en la tierra, y te apacentarás de la verdad.

Salmos 37.1-3

Encaminará a los humildes por el juicio, y enseñará a los mansos su carrera.

Salmos 25.9

Levántate, oh Jehová, en tu ira; álzate en contra de la furia de mis angustiadores, y despierta en favor mío el juicio que mandaste.

Te rodeará congregación de pueblos, y sobre ella vuélvete a sentar en alto.

Jehová juzgará a los pueblos; júzgame, oh Jehová, conforme a mi justicia, y conforme a mi integridad.

Fenezca ahora la maldad de los inicuos, mas establece tú al justo; porque el Dios justo prueba la mente y el corazón.

Mi escudo está en Dios, que salva a los rectos de corazón.

Dios es juez justo, y Dios está airado contra el impío todos los días.

Alabaré a Jehová conforme a su justicia, y cantaré al nombre de Jehová el Altísimo.

Salmos 7.6-11, 17

Exhibirá tu justicia como la luz, y tu derecho como el mediodía.

Guarda silencio ante Jehová, y espera en Él. No te alteres con motivo del que prospera en su camino, por el hombre que hace maldades.

Deja la ira, y desecha el enojo; no te excites en manera alguna a hacer lo malo.

Porque los malignos serán destruidos, pero los que esperan en Jehová, ellos heredarán la tierra.

Salmos 37.6-9

Maquina el impío contra el justo, y cruje contra él sus dientes.

El Señor se reirá de él; porque ve que viene su día.

Porque los brazos de los impíos serán quebrados; mas el que sostiene a los justos es Jehová.

Salmos 37.12, 13, 17

¿Quién es el hombre que teme a Jehová? Él le enseñará el camino que ha de escoger.

Gozará él de bienestar, y su descendencia heredará la tierra.

La comunión íntima de Jehová es con los que le temen, y a ellos hará conocer su pacto.

Salmos 25.12-14

Júzgame, oh Jehová, porque yo en mi integridad he andado; He confiado asimismo en Jehová sin titubear.

Escudríñame, oh Jehová, y pruébame; examina mis íntimos pensamientos y mi corazón.

Porque tu misericordia está delante de mis ojos, y ando en tu verdad.

Lavaré en inocencia mis manos, y así andaré alrededor de tu altar, oh Jehová.

Salmos 26.1-3,6

Mas Dios es el juez; a éste humilla, y a aquél enaltece.

Porque el cáliz está en la mano de Jehová, y el vino está fermentado, lleno de mistura; y él derrama del mismo; hasta el fondo lo apurarán, y lo beberán todos los impíos de la tierra.

Pero yo siempre anunciaré y cantaré alabanzas al Dios de Jacob.

Quebrantaré todo el poderío de los pecadores, pero el poder del justo será exaltado.

Salmos 75.7-10

Tribulación y angustia sobre todo ser humano que hace lo malo, el judío primeramente y también el griego.

Pero gloria y honra y paz a todo el que hace lo bueno, al judío primeramente y también al griego.

Porque no hay acepción de personas para con Dios.

En el día en que Dios juzgará por Jesucristo los secretos de los hombres, conforme a mi evangelio.

Romanos 2.9-11, 16

Te alabaré, oh Jehová, con todo mi corazón; contaré todas tus maravillas.

Me alegraré y me regocijaré en ti; cantaré a tu nombre, oh Altísimo.

Mis enemigos volvieron atrás; cayeron y perecieron delante de ti.

Porque has mantenido mi derecho y mi causa; te has sentado en el trono juzgando con justicia.

Reprendiste a las naciones, destruiste al malo, borraste el nombre de ellos eternamente y para siempre.

Los enemigos han perecido; han quedado desolados para siempre; y las ciudades que derribaste, su memoria pereció con ellas.

Pero Jehová permanecerá para siempre; ha dispuesto su trono para juicio.

El juzgará al mundo con justicia, y a los pueblos con rectitud.

Jehová será refugio del pobre, refugio para el tiempo de angustia.

Salmos 9.1-9

Jehová es el que hace justicia y derecho a todos los que padecen violencia.

Salmos 103.6

A tu represión, oh Dios de Jacob, el carro y el caballo fueron entorpecidos.

Tú, temible eres tú; ¿Y quién podrá estar en pie delante de ti cuando se encienda tu ira?

Desde los cielos hiciste oír juicio; la tierra tuvo temor y quedó suspensa

Cuando te levantaste, oh Dios, para juzgar, para salvar a todos los mansos de la tierra. *Selah*

Salmos 76.6-9

Ahora bien, se requiere de los administradores, que cada uno sea hallado fiel.

Yo en muy poco tengo el ser juzgado por vosotros, o por tribunal humano; y ni aun yo me juzgo a mí mismo.

Porque aunque de nada tengo mala conciencia, no por eso soy justificado; pero el que me juzga es el Señor.

Así que, no juzguéis nada antes de tiempo, hasta que venga el Señor, el cual aclarará también lo oculto de las tinieblas, y manifestará las intenciones de los corazones; y entonces cada uno recibirá su alabanza de Dios.

1 Corintios 4.2-5

Sabiduría

Y si alguno de vosotros tiene falta de sabiduría, pídala a Dios, el cual da a todos abundantemente y sin reproche, y le será dada.

Pero pida con fe, no dudando nada; porque el que duda es semejante a la onda del mar, que es arrastrada por el viento y echada de una parte a otra.

Santiago 1.5-6

Hijo mío, si recibieres mis palabras, y mis mandamientos guardares dentro de ti, haciendo estar atento tu oído a la sabiduría; si inclinares tu corazón a la prudencia.

Si clamares a la inteligencia, y a la prudencia dieres tu voz;

Si como a la plata la buscares, y la escudriñares como a tesoros.

Entonces entenderás el temor de Jehová, y hallarás el conocimiento de Dios.

Porque Jehová da la sabiduría, y de su boca viene el conocimiento y la inteligencia.

El provee de sana sabiduría a los rectos; es escudo a los que caminan rectamente.

Proverbios 2.1-7

El principio de la sabiduría es el temor de Jehová; buen entendimiento tienen todos los que practican sus mandamientos; su loor permanece para siempre.

Salmos 111.10

Por lo cual también nosotros, desde el día que lo oímos, no cesamos de orar por vosotros, y de pedir que seáis llenos del conocimiento de su voluntad en toda sabiduría e inteligencia espiritual.

Para que andéis como es digno del Señor, agradándole en todo, llevando fruto en toda buena obra, y creciendo en el conocimiento de Dios.

Colosenses 1.9-10

Así que, hermanos, cuando fui a vosotros para anunciaros el testimonio de Dios, no fui con excelencia de palabras o de sabiduría.

Pues me propuse no saber entre vosotros cosa alguna sino a Jesucristo, y a éste crucificado.

Y estuve entre vosotros con debilidad, y mucho temor y temblor.

Y ni mi palabra ni mi predicación fue con palabras persuasivas de humana sabiduría, sino con demostración del Espíritu y de poder.

Para que vuestra fe no esté fundada en la sabiduría de los hombres, sino en el poder de Dios.

Sin embargo, hablamos sabiduría entre los que han alcanzado madurez; y sabiduría, no de este siglo, ni de los príncipes de este siglo, que perecen.

Mas hablamos sabiduría de Dios en misterio, la sabiduría oculta, la cual Dios predestinó antes de los siglos para nuestra gloria.

La que ninguno de los príncipes de este siglo conoció; porque si la hubieran conocido, nunca habrían crucificado al Señor de gloria.

1 Corintios 2.1-8

Pues no me envió Cristo a bautizar, sino a predicar el evangelio; no con sabiduría de palabras, para que no se haga vana la cruz de Cristo.

Porque la palabra de la cruz es locura a los que se pierden; pero a los que se salvan, esto es, a nosotros, es poder de Dios.

Pues está escrito: Destruiré la sabiduría de los sabios, y desecharé el entendimiento de los entendidos.

¿Dónde está el sabio? ¿Dónde está el escriba? ¿Dónde está el disputador de este siglo? ¿No ha enloquecido Dios la sabiduría del mundo?

Pues ya que en la sabiduría de Dios, el mundo no conoció a Dios mediante la sabiduría, agradó a Dios salvar a los creyentes por la locura de la predicación.

Porque los judíos piden señales, y los griegos buscan sabiduría.

Pero nosotros predicamos a Cristo crucificado, para los judíos ciertamente tropezadero, y para los gentiles locura.

Mas para los llamados, así judíos como griegos, Cristo poder de Dios, y sabiduría de Dios.

Porque lo insensato de Dios es más sabio que los hombres, y lo débil de Dios es más fuerte que los hombres.

1 Corintios 1.17-25

Nadie se engañe a sí mismo; si alguno entre vosotros se cree sabio en este siglo, hágase ignorante, para que llegue a ser sabio.

Porque la sabiduría de este mundo es insensatez para con Dios; pues escrito está: Él prende a los sabios en la astucia de ellos.

Y otra vez: El Señor conoce los pensamientos de los sabios, que son vanos.

Así que, ninguno se gloríe en los hombres; porque todo es vuestro.

1 Corintios 3.18-21

Pues mirad, hermanos, vuestra vocación, que no sois muchos sabios según la carne, ni muchos poderosos, ni muchos nobles.

Sino que lo necio del mundo escogió Dios, para avergonzar a los sabios; y lo débil del mundo escogió Dios, para avergonzar a lo fuerte

Y lo vil del mundo y lo menospreciado escogió Dios, y lo que no es, para deshacer lo que es.

A fin de que nadie se jacte en su presencia.

Mas por él estáis vosotros en Cristo Jesús, el cual nos ha sido hecho por Dios sabiduría, justificación, santificación y redención

Para que, como está escrito: El que se gloría, gloríese en el Señor.

1 Corintios 1.26-31

Perdón

Os escribo a vosotros, hijitos, porque vuestros pecados os han sido perdonados por su nombre.

1 Juan 2.12

Ahora, pues, ninguna condenación hay para los que están en Cristo Jesús, los que no andan conforme a la carne, sino conforme al Espíritu.

Porque la ley del Espíritu de vida en Cristo Jesús me ha librado de la ley del pecado y de la muerte.

Romanos 8.1, 2

Con gozo dando gracias al Padre que nos hizo aptos para participar de la herencia de los santos en luz.

El cual nos ha librado de la potestad de las tinieblas, y trasladado al reino de su amado Hijo.

En quien tenemos redención por su sangre, el perdón de pecados.

Colosenses 1.12-14

¿Qué Dios como tú, que perdona la maldad, y olvida el pecado del remanente de su heredad? No retuvo para siempre su enojo, porque se deleita en misericordia.

Él volverá a tener misericordia de nosotros; sepultará nuestras iniquidades, y echará en lo profundo del mar todos nuestros pecados

Miqueas 7.18-19

Si confesamos nuestros pecados, Él es fiel y justo para perdonar nuestros pecados, y limpiarnos de toda maldad.

1 Juan 1.9

Antes sed benignos unos con otros, misericordiosos, perdonándoos unos a otros, como Dios también os perdonó a vosotros en Cristo.

Efesios 4.32

Sabiendo que fuisteis rescatados de vuestra vana manera de vivir, la cual recibisteis de vuestros padres, no con cosas corruptibles, como oro o plata.

Sino con la sangre preciosa de Cristo, como de un cordero sin mancha y sin contaminación

1 Pedro 1.18, 19

Venid luego, dice Jehová, y estemos a cuenta: si vuestros pecados fueren como la grana, como la nieve serán emblanquecidos; si fueren rojos como el carmesí, vendrán a ser como blanca lana.

Isaias 1.18

Al tercer día se hicieron unas bodas en Caná de Galilea; y estaba allí la madre de Jesús.

1 Juan 2.1

Y cuando estéis orando, perdonad, si tenéis algo contra alguno, para que también vuestro Padre que está en los cielos os perdone a vosotros vuestras ofensas.

Marcos 11.25

DIOS LO GUÍA EN LAS RELACIONES

Con sus hijos

He aquí, herencia de Jehová son los hijos; cosa de estima el fruto del vientre.

Como saetas en mano del valiente, así son los hijos habidos en la juventud.

Bienaventurado el hombre que llenó su aljaba de ellos; no será avergonzado cuando hablare con los enemigos en la puerta.

Salmos 127.3-5

Bienaventurado todo aquel que teme a Jehová, que anda en sus caminos.

Cuando comieres el trabajo de tus manos, bienaventurado serás, y te irá bien.

Tu mujer será como vid que lleva fruto a los lados de tu casa; tus hijos como plantas de olivo alrededor de tu mesa.

He aquí que así será bendecido el hombre que teme a Jehová.

Salmos 128.1-4

Los hijos de tus siervos habitarán seguros, y su descendencia será establecida delante de ti.

Salmos 102.28

Camina en su integridad el justo; Sus hijos son dichosos después de él.

Proverbios 20.7

No menosprecies, hijo mío, el castigo de Jehová, ni te fatigues de su corrección.

Porque Jehová al que ama castiga, como el padre al hijo a quien quiere.

Proverbios 3.11, 12

Aprende pues, hoy, y reflexiona en tu corazón que Jehová es Dios arriba en el cielo y abajo en la tierra, y no hay otro.

Y guarda sus estatutos y sus mandamientos, los cuales yo te mando hoy, para que te vaya bien a ti y a tus hijos después de ti, y prolongues tus días sobre la tierra que Jehová tu Dios te da para siempre.

Deuteronomio 4.39, 40

Y todos tus hijos serán enseñados por Jehová; y se multiplicará la paz de tus hijos.

Isaías 54.13

Y todos tus hijos serán enseñados por Jehová; y se multiplicará la paz de tus hijos.

Efesios 6.4

Que gobierne bien su casa, que tenga a sus hijos en sujeción con toda honestidad.

Pues el que no sabe gobernar su propia casa, ¿cómo cuidará de la iglesia de Dios?

1 Timoteo 3.4, 5

Corrige a tu hijo, y te dará descanso, y dará alegría a tu alma.

Proverbios 29.17

Con sus hermanos

Porque este es el mensaje que habéis oído desde el principio: Que nos amemos unos a otros.

No como Caín, que era del maligno y mató a su hermano. ¿Y por qué causa le mató? Porque sus obras eran malas, y las de su hermano justas.

Hermanos míos, no os extrañéis si el mundo os aborrece.

Nosotros sabemos que hemos pasado de muerte a vida, en que amamos a los hermanos. El que no ama a su hermano, permanece en muerte.

Todo aquel que aborrece a su hermano es homicida; y sabéis que ningún homicida tiene vida eterna permanente en él.

En esto hemos conocido el amor, en que Él puso su vida por nosotros; también nosotros debemos poner nuestras vidas por los hermanos.

Pero el que tiene bienes de este mundo y ve a su hermano tener necesidad, y cierra contra él su corazón, ¿cómo mora el amor de Dios en él?

Hijitos míos, no amemos de palabra ni de lengua, sino de hecho y en verdad.

1 Juan 3.11-18

Sin embargo, os escribo un mandamiento nuevo, que es verdadero en Él y en vosotros, porque las tinieblas van pasando, y la luz verdadera ya alumbra.

El que dice que está en la luz, y aborrece a su hermano, está todavía en tinieblas.

El que ama a su hermano, permanece en la luz, y en él no hay tropiezo.

Pero el que aborrece a su hermano está en tinieblas, y anda en tinieblas, y no sabe a dónde va, porque las tinieblas le han cegado los ojos.

1 Juan 2.8-11

Amaos los unos a los otros con amor fraternal; en cuanto a honra, prefiriéndoos los unos a los otros.

Romanos 12.10

En todo tiempo ama el amigo, y es como un hermano en tiempo de angustia.

Proverbios 17.17

El hermano ofendido es más tenaz que una ciudad fuerte, y las contiendas de los hermanos son como cerrojos de alcázar.

Proverbios 18.19

Porque ninguno de nosotros vive para sí, y ninguno muere para sí.

Romanos 14.7

Cada cual ayudó a su vecino, y a su hermano dijo: Esfuérzate.

Isaías 41.6

Así habló Jehová de los ejércitos, diciendo: Juzgad conforme a la verdad, y haced misericordia y piedad cada cual con su hermano.

Zacarias 7.9

Antes sed benignos unos con otros, misericordiosos, perdonándoos unos a otros, como Dios también os perdonó a vosotros en Cristo.

Efesios 4.32

En su matrimonio

Entonces vinieron a él los fariseos, tentándole y diciéndole: ¿Es lícito al hombre repudiar a su mujer por cualquier causa?

Él, respondiendo, les dijo: ¿No habéis leído que el que los hizo al principio, varón y hembra los hizo.

Y dijo: Por esto el hombre dejará padre y madre, y se unirá a su mujer, y los dos serán una sola carne?

Así que no son ya más dos, sino una sola carne; por tanto, lo que Dios juntó, no lo separe el hombre.

Le dijeron: ¿Por qué, pues, mandó Moisés dar carta de divorcio, y repudiarla?

Él les dijo: Por la dureza de vuestro corazón Moisés os permitió repudiar a vuestras mujeres; mas al principio no fue así.

Mateo 19.3-8

El marido cumpla con la mujer el deber conyugal, y asimismo la mujer con el marido.

La mujer no tiene potestad sobre su propio cuerpo, sino el marido; ni tampoco tiene el marido potestad sobre su propio cuerpo, sino la mujer.

No os neguéis el uno al otro, a no ser por algún tiempo de mutuo consentimiento, para ocuparos sosegadamente en la oración; y volved a juntaros en uno, para que no os tiente Satanás a causa de vuestra incontinencia.

Pero a los que están unidos en matrimonio, mando, no yo, sino el Señor: Que la mujer no se separe del marido.

Y si se separa, quédese sin casar, o reconcíliese con su marido; y que el marido no abandone a su mujer.

Y a los demás yo digo, no el Señor: Si algún hermano tiene mujer que no sea creyente, y ella consiente en vivir con él, no la abandone.

Y si una mujer tiene marido que no sea creyente, y él consiente en vivir con ella, no lo abandone.

Porque el marido incrédulo es santificado en la mujer, y la mujer incrédula en el marido; pues de otra manera vuestros hijos serían inmundos, mientras que ahora son santos.

Pero si el incrédulo se separa, sepárese; pues no está el hermano o la hermana sujeto a servidumbre en semejante caso, sino que a paz nos llamó Dios.

Porque ¿qué sabes tú, oh mujer, si quizá harás salvo a tu marido? ¿O qué sabes tú, oh marido, si quizá harás salva a tu mujer?

1 Corintios 7.3-5, 10-16

La mujer virtuosa es corona de su marido; mas la mala, como carcoma en sus huesos.

Proverbios 12.4

Honroso sea en todos el matrimonio, y el lecho sin mancilla; pero a los fornicarios y a los adúlteros los juzgará Dios.

Hebreos 13.4

Someteos unos a otros en el temor de Dios.

Las casadas estén sujetas a sus propios maridos, como al Señor.

Porque el marido es cabeza de la mujer, así como Cristo es cabeza de la iglesia, la cual es su cuerpo, y Él es su Salvador.

Así que, como la iglesia está sujeta a Cristo, así también las casadas lo estén a sus maridos en todo.

Maridos, amad a vuestras mujeres, así como Cristo amó a la iglesia, y se entregó a sí mismo por ella.

Para santificarla, habiéndola purificado en el lavamiento del agua por la palabra.

A fin de presentársela a sí mismo, una iglesia gloriosa, que no tuviese mancha ni arruga ni cosa semejante, sino que fuese santa y sin mancha.

Así también los maridos deben amar a sus mujeres como a sus mismos cuerpos. El que ama a su mujer, a sí mismo se ama.

Porque nadie aborreció jamás a su propia carne, sino que la sustenta y la cuida, como también Cristo a la iglesia.

Porque somos miembros de su cuerpo, de su carne y de sus huesos.

Por esto dejará el hombre a su padre y a su madre, y se unirá a su mujer, y los dos serán una sola carne.

Grande es este misterio; mas yo digo esto respecto de Cristo y de la iglesia.

Por lo demás, cada uno de vosotros ame también a su mujer como a sí mismo; y la mujer respete a su marido.

Efesios 5.21-33

Goza de la vida con la mujer que amas, todos los días de la vida de tu vanidad que te son dados debajo del sol, todos los días de tu vanidad; porque esta es tu parte en la vida, y en tu trabajo con que te afanas debajo del sol.

Eclesiastes 9.9

Bebe el agua de tu misma cisterna, y los raudales de tu propio pozo.

¿Se derramarán tus fuentes por las calles, y tus corrientes de aguas por las plazas?

Sean para ti solo, y no para los extraños contigo.

Sea bendito tu manantial, y alégrate con la mujer de tu juventud.

Proverbios 5.15-18

Tu mujer será como vid que lleva fruto a los lados de tu casa; tus hijos como plantas de olivo alrededor de tu mesa.

He aquí que así será bendecido el hombre que teme a Jehová.

Salmos 128.3, 4

Casadas, estad sujetas a vuestros maridos, como conviene en el Señor.

Maridos, amad a vuestras mujeres, y no seáis ásperos con ellas.

Colosenses 3.18, 19

Con sus padres

Hijos, obedeced en el Señor a vuestros padres, porque esto es justo.

Honra a tu padre y a tu madre, que es el primer mandamiento con promesa

Para que te vaya bien, y seas de larga vida sobre la tierra.

Efesios 6.1-3

Oye, hijo mío, la instrucción de tu padre, y no desprecies la dirección de tu madre.

Porque adorno de gracia serán a tu cabeza, y collares a tu cuello.

Proverbios 1.8, 9

Honra a tu padre y a tu madre, para que tus días se alarguen en la tierra que Jehová tu Dios te da.

Éxodo 20.12

Los proverbios de Salomón. El hijo sabio alegra al padre, pero el hijo necio es tristeza de su madre.

Proverbios 10.1

Oye a tu padre, a aquel que te engendró; y cuando tu madre envejeciere, no la menosprecies.

Proverbios 23.22

Hijos, obedeced a vuestros padres en todo, porque esto agrada al Señor.

Colosenses 3.20

Por otra parte, tuvimos a nuestros padres terrenales que nos disciplinaban, y los venerábamos. ¿Por qué no obedeceremos mucho mejor al Padre de los espíritus, y viviremos?

Hebreos 12.9

Con sus vecinos

Y uno de ellos, intérprete de la ley, preguntó por tentarle, diciendo.

Maestro, ¿cuál es el gran mandamiento en la ley?

Jesús le dijo: Amarás al Señor tu Dios con todo tu corazón, y con toda tu alma, y con toda tu mente.

Este es el primero y grande mandamiento.

Y el segundo es semejante: Amarás a tu prójimo como a ti mismo.

De estos dos mandamientos depende toda la ley y los profetas.

Mateo 22.35-40

Y he aquí un intérprete de la ley se levantó y dijo, para probarle: Maestro, ¿haciendo qué cosa heredaré la vida eterna?

Él le dijo: ¿Qué está escrito en la ley? ¿Cómo lees?

Aquél, respondiendo, dijo: Amarás al Señor tu Dios con todo tu corazón, y con toda tu alma, y con todas tus fuerzas, y con toda tu mente; y a tu prójimo como a ti mismo.

Y le dijo: Bien has respondido; haz esto, y vivirás.

Pero él, queriendo justificarse a sí mismo, dijo a Jesús: ¿Y quién es mi prójimo?

Respondiendo Jesús, dijo: Un hombre descendía de Jerusalén a Jericó, y cayó en manos de ladrones, los cuales le despojaron; e hiriéndole, se fueron, dejándole medio muerto.

Aconteció que descendió un sacerdote por aquel camino, y viéndole, pasó de largo.

Asimismo un levita, llegando cerca de aquel lugar, y viéndole, pasó de largo.

Pero un samaritano, que iba de camino, vino cerca de él, y viéndole, fue movido a misericordia.

Y acercándose, vendó sus heridas, echándoles aceite y vino; y poniéndole en su cabalgadura, lo llevó al mesón, y cuidó de él.

Otro día al partir, sacó dos denarios, y los dio al mesonero, y le dijo: Cuídamele; y todo lo que gastes de más, yo te lo pagaré cuando regrese.

¿Quién, pues, de estos tres te parece que fue el prójimo del que cayó en manos de los ladrones?

Él dijo: El que usó de misericordia con él. Entonces Jesús le dijo: Ve, y haz tú lo mismo.

Lucas 10.25-37

El amor no hace mal al prójimo; así que el cumplimiento de la ley es el amor.

Romanos 13.10

Así que, los que somos fuertes debemos soportar las flaquezas de los débiles, y no agradarnos a nosotros mismos.

Cada uno de nosotros agrade a su prójimo en lo que es bueno, para edificación.

Porque ni aun Cristo se agradó a sí mismo; antes bien, como está escrito: Los vituperios de los que te vituperaban, cayeron sobre mí.

Romanos 15.1-3

Al que solapadamente infama a su prójimo, yo lo destruiré; no sufriré al de ojos altaneros y de corazón vanidoso.

Salmos 101.5

No te niegues a hacer el bien a quien es debido, cuando tuvieres poder para hacerlo.

No digas a tu prójimo: Anda, y vuelve, y mañana te daré, cuando tienes contigo qué darle.

No intentes mal contra tu prójimo que habita confiado junto a ti.

Proverbios 3.27-29

No codiciarás la casa de tu prójimo, no codiciarás la mujer de tu prójimo, ni su siervo, ni su criada, ni su buey, ni su asno, ni cosa alguna de tu prójimo.

Éxodo 20.17

Ninguno busque su propio bien, sino el del otro.

1 Corintios 10.24

Por lo cual, desechando la mentira, hablad verdad cada uno con su prójimo; porque somos miembros los unos de los otros.

Efesios 4.25

Si alguno se cree religioso entre vosotros, y no refrena su lengua, sino que engaña su corazón, la religión del tal es vana.

La religión pura y sin mácula delante de Dios el Padre es esta: Visitar a los huérfanos y a las viudas en sus tribulaciones, y guardarse sin mancha del mundo.

Santiago 1.26, 27

Con otros cristianos

Como el Padre me ha amado, así también yo os he amado; permaneced en mi amor.

Si guardareis mis mandamientos, permaneceréis en mi amor; así como yo he guardado los mandamientos de mi Padre, y permanezco en su amor.

Estas cosas os he hablado, para que mi gozo esté en vosotros, y vuestro gozo sea cumplido.

Este es mi mandamiento: Que os améis unos a otros, como yo os he amado.

Juan 15.9-12

Yo pues, preso en el Señor, os ruego que andéis como es digno de la vocación con que fuisteis llamados.

Con toda humildad y mansedumbre, soportándoos con paciencia los unos a los otros en amor.

Solícitos en guardar la unidad del Espíritu en el vínculo de la paz.

Un cuerpo, y un Espíritu, como fuisteis también llamados en una misma esperanza de vuestra vocación.

Efesios 4.14

Por esta causa doblo mis rodillas ante el Padre de nuestro Señor Jesucristo.

De quien toma nombre toda familia en los cielos y en la tierra.

Para que os dé, conforme a las riquezas de su gloria, el ser fortalecidos con poder en el hombre interior por su Espíritu.

Para que habite Cristo por la fe en vuestros corazones, a fin de que, arraigados y cimentados en amor.

Seáis plenamente capaces de comprender con todos los santos cuál sea la anchura, la longitud, la profundidad y la altura.

Y de conocer el amor de Cristo, que excede a todo conocimiento, para que seáis llenos de toda la plenitud de Dios.

Efesios 3.14-19

No debáis a nadie nada, sino el amaros unos a otros; porque el que ama al prójimo, ha cumplido la ley.

Porque: No adulterarás, no matarás, no hurtarás, no dirás falso testimonio, no codiciarás, y cualquier otro mandamiento, en esta sentencia se resume: Amarás a tu prójimo como a ti mismo.

El amor no hace mal al prójimo; así que el cumplimiento de la ley es el amor.

Romanos 13.8-10

En esto hemos conocido el amor, en que Él puso su vida por nosotros; también nosotros debemos poner nuestras vidas por los hermanos.

Pero el que tiene bienes de este mundo y ve a su hermano tener necesidad, y cierra contra él su corazón, ¿cómo mora el amor de Dios en él?

Hijitos míos, no amemos de palabra ni de lengua, sino de hecho y en verdad.

1 Juan 3.16-18

Pero si Cristo está en vosotros, el cuerpo en verdad está muerto a causa del pecado, mas el espíritu vive a causa de la justicia.

Y si el Espíritu de aquel que levantó de los muertos a Jesús mora en vosotros, el que levantó de los muertos a Cristo Jesús vivificará también vuestros cuerpos mortales por su Espíritu que mora en vosotros.

Así que, hermanos, deudores somos, no a la carne, para que vivamos conforme a la carne.

Porque si vivís conforme a la carne, moriréis; mas si por el Espíritu hacéis morir las obras de la carne, viviréis.

Porque todos los que son guiados por el Espíritu de Dios, éstos son hijos de Dios.

Romanos 8.10-14

Pero el Dios de la paciencia y de la consolación os dé entre vosotros un mismo sentir según Cristo Jesús.

Para que unánimes, a una voz, glorifiquéis al Dios y Padre de nuestro Señor Jesucristo.

Por tanto, recibíos los unos a los otros, como también Cristo nos recibió, para gloria de Dios.

Romanos 15.5-7

Este es el mensaje que hemos oído de él, y os anunciamos: Dios es luz, y no hay ningunas tinieblas en él.

Si decimos que tenemos comunión con Él, y andamos en tinieblas, mentimos, y no practicamos la verdad.

Pero si andamos en luz, como Él está en luz, tenemos comunión unos con otros, y la sangre de Jesucristo su Hijo nos limpia de todo pecado.

1 Juan 1.5-7

Con extraños

Y no angustiarás al extranjero; porque vosotros sabéis cómo es el alma del extranjero, ya que extranjeros fuisteis en la tierra de Egipto.

Éxodo 23.9

Entonces el Rey dirá a los de su derecha: Venid, benditos de mi Padre, heredad el reino preparado para vosotros desde la fundación del mundo.

Porque tuve hambre, y me disteis de comer; tuve sed, y me disteis de beber; fui forastero, y me recogisteis.

Estuve desnudo, y me cubristeis; enfermo, y me visitasteis; en la cárcel, y vinisteis a mí.

Entonces los justos le responderán diciendo: Señor, ¿cuándo te vimos hambriento, y te sustentamos, o sediento, y te dimos de beber?

¿Y cuándo te vimos forastero, y te recogimos, o desnudo, y te cubrimos?

¿O cuándo te vimos enfermo, o en la cárcel, y vinimos a ti?

Y respondiendo el Rey, les dirá: De cierto os digo que en cuanto lo hicisteis a uno de estos mis hermanos más pequeños, a mí lo hicisteis.

Entonces dirá también a los de la izquierda: Apartaos de mí, malditos, al fuego eterno preparado para el diablo y sus ángeles.

Porque tuve hambre, y no me disteis de comer; tuve sed, y no me disteis de beber.

Fui forastero, y no me recogisteis; estuve desnudo, y no me cubristeis; enfermo, y en la cárcel, y no me visitasteis.

Entonces también ellos le responderán diciendo: Señor, ¿cuándo te vimos hambriento, sediento, forastero, desnudo, enfermo, o en la cárcel, y no te servimos?

Entonces les responderá diciendo: De cierto os digo que en cuanto no lo hicisteis a uno de estos más pequeños, tampoco a mí lo hicisteis.

E irán éstos al castigo eterno, y los justos a la vida eterna.

Mateo 25.34-46

Permanezca el amor fraternal.

No os olvidéis de la hospitalidad, porque por ella algunos, sin saberlo, hospedaron ángeles.

Acordaos de los presos, como si estuvierais presos juntamente con ellos; y de los maltratados, como que también vosotros mismos estáis en el cuerpo.

Hebreos 13.1-3

Amado, fielmente te conduces cuando prestas algún servicio a los hermanos, especialmente a los desconocidos.

3 Juan 5

¿No es que partas tu pan con el hambriento, y a los pobres errantes albergues en casa; que cuando veas al desnudo, lo cubras, y no te escondas de tu hermano?

Entonces nacerá tu luz como el alba, y tu salvación se dejará ver pronto; e irá tu justicia delante de ti, y la gloria de Jehová será tu retaguardia.

Isaías 58.7, 8

Y cualquiera que dé a uno de estos pequeñitos un vaso de agua fría solamente, por cuanto es discípulo, de cierto os digo que no perderá su recompensa.

Mateo 10.42

Y les dijo: Id por todo el mundo y predicad el evangelio a toda criatura.

Marcos 16.15

Con sus enemigos

Pero a vosotros los que oís, os digo: Amad a vuestros enemigos, haced bien a los que os aborrecen.

Bendecid a los que os maldicen, y orad por los que os calumnian.

Al que te hiera en una mejilla, preséntale también la otra; y al que te quite la capa, ni aun la túnica le niegues.

A cualquiera que te pida, dale; y al que tome lo que es tuyo, no pidas que te lo devuelva.

Y como queréis que hagan los hombres con vosotros, así también haced vosotros con ellos.

Lucas 6.27-31

No paguéis a nadie mal por mal; procurad lo bueno delante de todos los hombres.

Si es posible, en cuanto dependa de vosotros, estad en paz con todos los hombres.

No os venguéis vosotros mismos, amados míos, sino dejad lugar a la ira de Dios; porque escrito está: Mía es la venganza, yo pagaré, dice el Señor.

Así que, si tu enemigo tuviere hambre, dale de comer; si tuviere sed, dale de beber; pues haciendo esto, ascuas de fuego amontonarás sobre su cabeza.

No seas vencido de lo malo, sino vence con el bien el mal.

Romanos 12.17-21

Cuando cayere tu enemigo, no te regocijes, y cuando tropezare, no se alegre tu corazón;

No sea que Jehová lo mire, y le desagrade, y aparte de sobre él su enojo.

No te entremetas con los malignos, ni tengas envidia de los impíos; porque para el malo no habrá buen fin, y la lámpara de los impíos será apagada.

Proverbios 24.17-20

Pero fiel es el Señor, que os afirmará y guardará del mal.

2 Tesalonicenses 3.3

Porque Jehová vuestro Dios va con vosotros, para pelear por vosotros contra vuestros enemigos, para salvaros.

Deuteronomio 20.4

En el día de mi angustia te llamaré, porque tú me respondes.

Salmos 86.7

En su iglesia

Porque donde están dos o tres congregados en mi nombre, allí estoy yo en medio de ellos.

Mateo 18.20

Este es el mensaje que hemos oído de Él, y os anunciamos: Dios es luz, y no hay ningunas tinieblas en Él.

Si decimos que tenemos comunión con Él, y andamos en tinieblas, mentimos, y no practicamos la verdad.

Pero si andamos en luz, como Él está en luz, tenemos comunión unos con otros, y la sangre de Jesucristo su Hijo nos limpia de todo pecado.

1 Juan 1.5-7

Si vivimos por el Espíritu, andemos también por el Espíritu.

No nos hagamos vanagloriosos, irritándonos unos a otros, envidiándonos unos a otros.

Gálatas 5.25, 26

De manera que yo, hermanos, no pude hablaros como a espirituales, sino como a carnales, como a niños en Cristo.

Os di a beber leche, y no vianda; porque aún no erais capaces, ni sois capaces todavía.

Porque aún sois carnales; pues habiendo entre vosotros celos, contiendas y disensiones, ¿no sois carnales, y andáis como hombres?

1 Corintios 3.1-3

Recibid al débil en la fe, pero no para contender sobre opiniones.

Porque uno cree que se ha de comer de todo; otro, que es débil, come legumbres.

El que come, no menosprecie al que no come, y el que no come, no juzgue al que come; porque Dios le ha recibido.

¿Tú quién eres, que juzgas al criado ajeno? Para su propio señor está en pie, o cae; pero estará firme, porque poderoso es el Señor para hacerle estar firme.

Uno hace diferencia entre día y día; otro juzga iguales todos los días. Cada uno esté plenamente convencido en su propia mente.

El que hace caso del día, lo hace para el Señor; y el que no hace caso del día, para el Señor no lo hace. El que come, para el Señor come, porque da gracias a Dios; y el que no come, para el Señor no come, y da gracias a Dios.

Porque ninguno de nosotros vive para sí, y ninguno muere para sí.

Romanos 14.1-6

Por tanto, mirad por vosotros, y por todo el rebaño en que el Espíritu Santo os ha puesto por obispos, para apacentar la iglesia del Señor, la cual Él ganó por su propia sangre.

Porque yo sé que después de mi partida entrarán en medio de vosotros lobos rapaces, que no perdonarán al rebaño.

Y de vosotros mismos se levantarán hombres que hablen cosas perversas para arrastrar tras sí a los discípulos.

Por tanto, velad, acordándoos que por tres años, de noche y de día, no he cesado de amonestar con lágrimas a cada uno.

Y ahora, hermanos, os encomiendo a Dios, y a la palabra de su gracia, que tiene poder para sobreedificaros y daros herencia con todos los santificados.

Hechos 20.28-32

Pero el fundamento de Dios está firme, teniendo este sello: Conoce el Señor a los que son suyos; y: Apártese de iniquidad todo aquel que invoca el nombre de Cristo.

Pero en una casa grande, no solamente hay utensilios de oro y de plata, sino también de madera y de barro; y unos son para usos honrosos, y otros para usos viles.

Así que, si alguno se limpia de estas cosas, será instrumento para honra, santificado, útil al Señor, y dispuesto para toda buena obra.

Huye también de las pasiones juveniles, y sigue la justicia, la fe, el amor y la paz, con los que de corazón limpio invocan al Señor.

Pero desecha las cuestiones necias e insensatas, sabiendo que engendran contiendas.

Porque el siervo del Señor no debe ser contencioso, sino amable para con todos, apto para enseñar, sufrido.

Que con mansedumbre corrija a los que se oponen, por si quizá Dios les conceda que se arrepientan para conocer la verdad.

Y escapen del lazo del diablo, en que están cautivos a voluntad de él.

2 Timoteo 2.19-26

Con Él

¿Y qué concordia Cristo con Belial? ¿O qué parte el creyente con el incrédulo?

¿Y qué acuerdo hay entre el templo de Dios y los ídolos? Porque vosotros sois el templo del Dios viviente, como Dios dijo: Habitaré y andaré entre ellos, y seré su Dios, y ellos serán mi pueblo.

Por lo cual, Salid de en medio de ellos, y apartaos, dice el Señor, y no toquéis lo inmundo; y yo os recibiré.

Y seré para vosotros por Padre, y vosotros me seréis hijos e hijas, dice el Señor Todopoderoso.

2 Corintios 6.15-18

Pero también digo: Entre tanto que el heredero es niño, en nada difiere del esclavo, aunque es señor de todo.

Sino que está bajo tutores y curadores hasta el tiempo señalado por el padre.

Así también nosotros, cuando éramos niños, estábamos en esclavitud bajo los rudimentos del mundo.

Pero cuando vino el cumplimiento del tiempo, Dios envió a su Hijo, nacido de mujer y nacido bajo la ley.

Para que redimiese a los que estaban bajo la ley, a fin de que recibiésemos la adopción de hijos.

Y por cuanto sois hijos, Dios envió a vuestros corazones el Espíritu de su Hijo, el cual clama: ¡Abba, Padre!

Así que ya no eres esclavo, sino hijo; y si hijo, también heredero de Dios por medio de Cristo.

Gálatas 4.1-7

Ya no os llamaré siervos, porque el siervo no sabe lo que hace su señor; pero os he llamado amigos, porque todas las cosas que oí de mi Padre, os las he dado a conocer.

No me elegisteis vosotros a mí, sino que yo os elegí a vosotros, y os he puesto para que vayáis y llevéis fruto, y vuestro fruto permanezca; para que todo lo que pidiereis al Padre en mi nombre, Él os lo dé.

Juan 15.15, 16

Haz con tu siervo según tu misericordia, y enséñame tus estatutos.

Tu siervo soy yo, dame entendimiento para conocer tus testimonios.

Salmos 119.124, 125

El que tiene mis mandamientos, y los guarda, ése es el que me ama; y el que me ama, será amado por mi Padre, y yo le amaré, y me manifestaré a él.

Juan 14.21

Permaneced en mí, y yo en vosotros. Como el pámpano no puede llevar fruto por sí mismo, si no permanece en la vid, así tampoco vosotros, si no permanecéis en mí.

Yo soy la vid, vosotros los pámpanos; el que permanece en mí, y yo en él, éste lleva mucho fruto; porque separados de mí nada podéis hacer.

El que en mí no permanece, será echado fuera como pámpano, y se secará; y los recogen, y los echan en el fuego, y arden.

Si permanecéis en mí, y mis palabras permanecen en vosotros, pedid todo lo que queréis, y os será hecho.

Juan 15.4-7

Ahora pues, Jehová, tú eres nuestro padre; nosotros barro, y tú el que nos formaste; así que obra de tus manos somos todos nosotros.

Isaías 64.8

En ti, oh Jehová, he confiado; no sea yo confundido jamás; líbrame en tu justicia.

Inclina a mí tu oído, líbrame pronto; sé tú mi roca fuerte, y fortaleza para salvarme.

Porque tú eres mi roca y mi castillo; por tu nombre me guiarás y me encaminarás.

Sácame de la red que han escondido para mí, pues tú eres mi refugio.

En tu mano encomiendo mi espíritu; tú me has redimido, oh Jehová, Dios de verdad.

Salmos 31.1-5

Con su nación

Mejor es confiar en Jehová que confiar en príncipes.

Salmos 118.9

Sométase toda persona a las autoridades superiores; porque no hay autoridad sino de parte de Dios, y las que hay, por Dios han sido establecidas.

De modo que quien se opone a la autoridad, a lo establecido por Dios resiste; y los que resisten, acarrean condenación para sí mismos.

Porque los magistrados no están para infundir temor al que hace el bien, sino al malo. ¿Quieres, pues, no temer la autoridad? Haz lo bueno, y tendrás alabanza de ella.

Porque es servidor de Dios para tu bien. Pero si haces lo malo, teme; porque no en vano lleva la espada, pues es servidor de Dios, vengador para castigar al que hace lo malo.

Por lo cual es necesario estarle sujetos, no solamente por razón del castigo, sino también por causa de la conciencia.

Pues por esto pagáis también los tributos, porque son servidores de Dios que atienden continuamente a esto mismo.

Pagad a todos lo que debéis: al que tributo, tributo; al que impuesto, impuesto; al que respeto, respeto; al que honra, honra.

Romanos 13.1-7

Por causa del Señor someteos a toda institución humana, ya sea al rey, como a superior.

Ya a los gobernadores, como por él enviados para castigo de los malhechores y alabanza de los que hacen bien.

1 Pedro 2.13, 14

Teme a Jehová, hijo mío, y al rey; no te entremetas con los veleidosos.

Porque su quebrantamiento vendrá de repente; y el quebrantamiento de ambos, ¿quién lo comprende?

Poverbios 24.21, 22

Recuérdales que se sujeten a los gobernantes y autoridades, que obedezcan, que estén dispuestos a toda buena obra.

Tito 3.1

Y andaré en libertad, porque busqué tus mandamientos.

Hablaré de tus testimonios delante de los reyes, y no me avergonzaré.

Salmos 119.45, 46

Exhorto ante todo, a que se hagan rogativas, oraciones, peticiones y acciones de gracias, por todos los hombres.

Por los reyes y por todos los que están en eminencia, para que vivamos quieta y reposadamente en toda piedad y honestidad.

1 Timoteo 2.1, 2

Tuya es, oh Jehová, la magnificencia y el poder, la gloria, la victoria y el honor; porque todas las cosas que están en los cielos y en la tierra son tuyas. Tuyo, oh Jehová, es el reino, y tú eres excelso sobre todos.

Las riquezas y la gloria proceden de ti, y tú dominas sobre todo; en tu mano está la fuerza y el poder, y en tu mano el hacer grande y el dar poder a todos.

1 Cronicas 29.11, 12

Con el necesitado

A Jehová presta el que da al pobre, y el bien que ha hecho, se lo volverá a pagar.

Proverbios 19.17

Aprended a hacer el bien; buscad el juicio, restituid al agraviado, haced justicia al huérfano, amparad a la viuda.

Isaías 1.17

Cuando haya en medio de ti menesteroso de alguno de tus hermanos en alguna de tus ciudades, en la tierra que Jehová tu Dios te da, no endurecerás tu corazón, ni cerrarás tu mano contra tu hermano pobre.

Sino abrirás a él tu mano liberalmente, y en efecto le prestarás lo que necesite.

Guárdate de tener en tu corazón pensamiento perverso, diciendo: Cerca está el año séptimo, el de la remisión, y mires con malos ojos a tu hermano menesteroso para no darle; porque él podrá clamar contra ti a Jehová, y se te contará por pecado.

Sin falta le darás, y no serás de mezquino corazón cuando le des; porque por ello te bendecirá Jehová tu Dios en todos tus hechos, y en todo lo que emprendas.

Porque no faltarán menesterosos en medio de la tierra; por eso yo te mando, diciendo: Abrirás tu mano a tu hermano, al pobre y al menesteroso en tu tierra.

Deuteronomio 15.7-11

Y cualquiera que dé a uno de estos pequeñitos un vaso de agua fría solamente, por cuanto es discípulo, de cierto os digo que no perderá su recompensa.

Mateo 10.42

Pero esto digo: El que siembra escasamente, también segará escasamente; y el que siembra generosamente, generosamente también segará.

Cada uno dé como propuso en su corazón: no con tristeza, ni por necesidad, porque Dios ama al dador alegre.

Y poderoso es Dios para hacer que abunde en vosotros toda gracia, a fin de que, teniendo siempre en todas las cosas todo lo suficiente, abundéis para toda buena obra.

Como está escrito: Repartió, dio a los pobres; su justicia permanece para siempre.

Y el que da semilla al que siembra, y pan al que come, proveerá y multiplicará vuestra sementera, y aumentará los frutos de vuestra justicia.

2 Corintios 9.6-10

La religión pura y sin mácula delante de Dios el Padre es esta: Visitar a los huérfanos y a las viudas en sus tribulaciones, y guardarse sin mancha del mundo.

Santiago 1.27

Y si un hermano o una hermana están desnudos, y tienen necesidad del mantenimiento de cada día.

Y alguno de vosotros les dice: Id en paz, calentaos y saciaos, pero no les dais las cosas que son necesarias para el cuerpo, ¿de qué aprovecha?

Santiago 2.15, 16

Defended al débil y al huérfano; haced justicia al afligido y al menesteroso.

Librad al afligido y al necesitado; libradlo de mano de los impíos.

Salmos 82.3, 4

DIOS
EDIFICA
A SU
FAMILIA

Con Adoración

Venid, adoremos y postrémonos; arrodillémonos delante de Jehová nuestro Hacedor.

Porque Él es nuestro Dios; nosotros el pueblo de su prado, y ovejas de su mano. Si oyereis hoy su voz.

Salmos 95.6-7

Cantad a Jehová cántico nuevo; cantad a Jehová, toda la tierra.

Cantad a Jehová, bendecid su nombre; anunciad de día en día su salvación.

Proclamad entre las naciones su gloria, en todos los pueblos sus maravillas.

Porque grande es Jehová, y digno de suprema alabanza; temible sobre todos los dioses.

Porque todos los dioses de los pueblos son ídolos; pero Jehová hizo los cielos.

Alabanza y magnificencia delante de Él; poder y gloria en su santuario.

Tributad a Jehová, oh familias de los pueblos, dad a Jehová la gloria y el poder.

Dad a Jehová la honra debida a su nombre; traed ofrendas, y venid a sus atrios.

Adorad a Jehová en la hermosura de la santidad; temed delante de Él, toda la tierra.

Salmos 96.1-9

Dad a Jehová la gloria debida a su nombre; adorad a Jehová en la hermosura de la santidad.

Voz de Jehová sobre las aguas; truena el Dios de gloria, Jehová sobre las muchas aguas.

Voz de Jehová con potencia; voz de Jehová con gloria.

Salmos 29.2-4

Exaltad a Jehová nuestro Dios, y postraos ante el estrado de sus pies; Él es santo.

Moisés y Aarón entre sus sacerdotes, y Samuel entre los que invocaron su nombre; invocaban a Jehová, y Él les respondía.

En columna de nube hablaba con ellos; guardaban sus testimonios, y el estatuto que les había dado.

Jehová Dios nuestro, tú les respondías; les fuiste un Dios perdonador, y retribuidor de sus obras.

Exaltad a Jehová nuestro Dios, y postraos ante su santo monte, porque Jehová nuestro Dios es santo.

Salmos 99.5-9

Mirad, bendecid a Jehová, vosotros todos los siervos de Jehová, los que en la casa de Jehová estáis por las noches.

Alzad vuestras manos al santuario, y bendecid a Jehová.

Desde Sion te bendiga Jehová, el cual ha hecho los cielos y la tierra.

Salmos 134.1-3

En el último y gran día de la fiesta, Jesús se puso en pie y alzó la voz, diciendo: Si alguno tiene sed, venga a mí y beba.

El que cree en mí, como dice la Escritura, de su interior correrán ríos de agua viva.

Juan 7.37, 38

Así que, recibiendo nosotros un reino inconmovible, tengamos gratitud, y mediante ella sirvamos a Dios agradándole con temor y reverencia.

Porque nuestro Dios es fuego consumidor.

Hebreos 12.28, 29

Mas la hora viene, y ahora es, cuando los verdaderos adoradores adorarán al Padre en espíritu y en verdad; porque también el Padre tales adoradores busca que le adoren.

Dios es Espíritu; y los que le adoran, en espíritu y en verdad es necesario que adoren.

Juan 4.23, 24

Con Hermandad

Yo me alegré con los que me decían: a la casa de Jehová iremos.

Salmos 122.1

Alabaré a Jehová con todo el corazón en la compañía y congregación de los rectos.

Salmos 111.1

Porque así como el cuerpo es uno, y tiene muchos miembros, pero todos los miembros del cuerpo, siendo muchos, son un solo cuerpo, así también Cristo.

Porque por un solo Espíritu fuimos todos bautizados en un cuerpo, sean judíos o griegos, sean esclavos o libres; y a todos se nos dio a beber de un mismo Espíritu.

Además, el cuerpo no es un solo miembro, sino muchos.

Si dijere el pie: Porque no soy mano, no soy del cuerpo, ¿por eso no será del cuerpo?

Y si dijere la oreja: Porque no soy ojo, no soy del cuerpo, ¿por eso no será del cuerpo?

Si todo el cuerpo fuese ojo, ¿dónde estaría el oído? Si todo fuese oído, ¿dónde estaría el olfato?

Mas ahora Dios ha colocado los miembros cada uno de ellos en el cuerpo, como Él quiso.

Porque si todos fueran un solo miembro, ¿dónde estaría el cuerpo?

Pero ahora son muchos los miembros, pero el cuerpo es uno solo.

1 Corintios 12.12-20

Así que ya no sois extranjeros ni advenedizos, sino conciudadanos de los santos, y miembros de la familia de Dios.

Efesios 2.19

Para que no haya desavenencia en el cuerpo, sino que los miembros todos se preocupen los unos por los otros.

De manera que si un miembro padece, todos los miembros se duelen con él, y si un miembro recibe honra, todos los miembros con él se gozan.

Vosotros, pues, sois el cuerpo de Cristo, y miembros cada uno en particular.

1 Corintios 12.25-27

Doy gracias a mi Dios siempre que me acuerdo de vosotros.

Siempre en todas mis oraciones rogando con gozo por todos vosotros.

Por vuestra comunión en el evangelio, desde el primer día hasta ahora.

Estando persuadido de esto, que el que comenzó en vosotros la buena obra, la perfeccionará hasta el día de Jesucristo.

Filipenses 1.3-6

Lo que era desde el principio, lo que hemos oído, lo que hemos visto con nuestros ojos, lo que hemos contemplado, y palparon nuestras manos tocante al Verbo de vida.

(Porque la vida fue manifestada, y la hemos visto, y testificamos, y os anunciamos la vida eterna, la cual estaba con el Padre, y se nos manifestó); lo que hemos visto y oído, eso os anunciamos, para que también vosotros tengáis comunión con nosotros; y nuestra comunión verdaderamente es con el Padre, y con su Hijo Jesucristo.

Estas cosas os escribimos, para que vuestro gozo sea cumplido.

Este es el mensaje que hemos oído de Él, y os anunciamos: Dios es luz, y no hay ningunas tinieblas en Él.

Si decimos que tenemos comunión con él, y andamos en tinieblas, mentimos, y no practicamos la verdad.

Pero si andamos en luz, como él está en luz, tenemos comunión unos con otros, y la sangre de Jesucristo su Hijo nos limpia de todo pecado.

1 Juan 1.1-7

Con Disciplina

Y habéis ya olvidado la exhortación que como a hijos se os dirige, diciendo: Hijo mío, no menosprecies la disciplina del Señor, ni desmayes cuando eres reprendido por Él; porque el Señor al que ama, disciplina, y azota a todo el que recibe por hijo.

Si soportáis la disciplina, Dios os trata como a hijos; porque ¿qué hijo es aquel a quien el padre no disciplina?

Hebreos 12.5-7

Reconoce asimismo en tu corazón, que como castiga el hombre a su hijo, así Jehová tu Dios te castiga.

Guardarás, pues, los mandamientos de Jehová tu Dios, andando en sus caminos, y temiéndole.

Deuteronomio 8.5, 6

Para siempre le conservaré mi misericordia, y mi pacto será firme con él.

Pondré su descendencia para siempre, y su trono como los días de los cielos.

Si dejaren sus hijos mi ley, y no anduvieren en mis juicios,

Si profanaren mis estatutos, y no guardaren mis mandamientos, entonces castigaré con vara su rebelión, y con azotes sus iniquidades.

Mas no quitaré de él mi misericordia, ni falsearé mi verdad.

Salmos 89.28-33

Y aquéllos, ciertamente por pocos días nos disciplinaban como a ellos les parecía, pero éste para lo que nos es provechoso, para que participemos de su santidad.

Es verdad que ninguna disciplina al presente parece ser causa de gozo, sino de tristeza; pero después da fruto apacible de justicia a los que en ella han sido ejercitados.

Hebreos 12.10, 11

En aquel día dirás: Cantaré a ti, oh Jehová; pues aunque te enojaste contra mí, tu indignación se apartó, y me has consolado.

Isaías 12.1

Ninguna palabra corrompida salga de vuestra boca, sino la que sea buena para la necesaria edificación, a fin de dar gracia a los oyentes.

Efesios 4.29

Por lo demás, hermanos, os rogamos y exhortamos en el Señor Jesús, que de la manera que aprendisteis de nosotros cómo os conviene conduciros y agradar a Dios, así abundéis más y más

1 Tesalonicenses 4.1

Con Oración

Pedid, y se os dará; buscad, y hallaréis; llamad, y se os abrirá.

Porque todo aquel que pide, recibe; y el que busca, halla; y al que llama, se le abrirá.

¿Qué hombre hay de vosotros, que si su hijo le pide pan, le dará una piedra?

¿O si le pide un pescado, le dará una serpiente?

Pues si vosotros, siendo malos, sabéis dar buenas dádivas a vuestros hijos, ¿cuánto más vuestro Padre que está en los cielos dará buenas cosas a los que le pidan?

Mateo 7.7-11

Y antes que clamen, responderé yo; mientras aún hablan, yo habré oído.

Isaías 65.24

Y esta es la confianza que tenemos en Él, que si pedimos alguna cosa conforme a su voluntad, Él nos oye.

Y si sabemos que Él nos oye en cualquiera cosa que pidamos, sabemos que tenemos las peticiones que le hayamos hecho.

1 Juan 5.14, 15

Alzaré mis ojos a los montes; ¿De dónde vendrá mi socorro?

Mi socorro viene de Jehová, que hizo los cielos y la tierra.

No dará tu pie al resbaladero, ni se dormirá el que te guarda.

He aquí, no se adormecerá ni dormirá el que guarda a Israel.

Salmos 121.1-4

Amo a Jehová, pues ha oído mi voz y mis súplicas.

Porque ha inclinado a mí su oído; por tanto, le invocaré en todos mis días.

Salmos 116.1, 2

Los afligidos y menesterosos buscan las aguas, y no las hay; seca está de sed su lengua; yo Jehová los oiré, yo el Dios de Israel no los desampararé.

En las alturas abriré ríos, y fuentes en medio de los valles; abriré en el desierto estanques de aguas, y manantiales de aguas en la tierra seca.

Isaías 41.17, 18

Desde la angustia invoqué a JAH, y me respondió JAH, poniéndome en lugar espacioso.

Jehová está conmigo; no temeré lo que me pueda hacer el hombre.

Jehová está conmigo entre los que me ayudan; por tanto, yo veré mi deseo en los que me aborrecen.

Mejor es confiar en Jehová que confiar en el hombre.

Salmos 118.5-8

Alabad a Jehová, porque Él es bueno; porque para siempre es su misericordia.

Díganlo los redimidos de Jehová, los que ha redimido del poder del enemigo.

Y los ha congregado de las tierras, del oriente y del occidente, del norte y del sur.

Anduvieron perdidos por el desierto, por la soledad sin camino, sin hallar ciudad en donde vivir.

Hambrientos y sedientos, su alma desfallecía en ellos.

Entonces clamaron a Jehová en su angustia, y los libró de sus aflicciones.

Salmos 107.1-6

Entonces me invocaréis, y vendréis y oraréis a mí, y yo os oiré.

Y me buscaréis y me hallaréis, porque me buscaréis de todo vuestro corazón.

Jeremías 29.12, 13

Porque en esperanza fuimos salvos; pero la esperanza que se ve, no es esperanza; porque lo que alguno ve, ¿a qué esperarlo?

Pero si esperamos lo que no vemos, con paciencia lo aguardamos.

Y de igual manera el Espíritu nos ayuda en nuestra debilidad; pues qué hemos de pedir como conviene, no lo sabemos, pero el Espíritu mismo intercede por nosotros con gemidos indecibles.

Mas el que escudriña los corazones sabe cuál es la intención del Espíritu, porque conforme a la voluntad de Dios intercede por los santos.

Y sabemos que a los que aman a Dios, todas las cosas les ayudan a bien, esto es, a los que conforme a su propósito son llamados.

Romanos 8.24-28

Confesaos vuestras ofensas unos a otros, y orad unos por otros, para que seáis sanados. La oración eficaz del justo puede mucho.

Elías era hombre sujeto a pasiones semejantes a las nuestras, y oró fervientemente para que no lloviese, y no llovió sobre la tierra por tres años y seis meses.

Y otra vez oró, y el cielo dio lluvia, y la tierra produjo su fruto.

Santiago 5.16-18

Por nada estéis afanosos, sino sean conocidas vuestras peticiones delante de Dios en toda oración y ruego, con acción de gracias.

Y la paz de Dios, que sobrepasa todo entendimiento, guardará vuestros corazones y vuestros pensamientos en Cristo Jesús.

Filipenses 4.6, 7

Mi Dios, pues, suplirá todo lo que os falta conforme a sus riquezas en gloria en Cristo Jesús.

Filipenses 4.19

Escucha, oh Jehová, mis palabras; considera mi gemir.

Está atento a la voz de mi clamor, Rey mío y Dios mío, porque a ti oraré.

Oh Jehová, de mañana oirás mi voz; de mañana me presentaré delante de ti, y esperaré.

Salmos 5.1-3

El rey se alegra en tu poder, oh Jehová; y en tu salvación, ¡cómo se goza!

Le has concedido el deseo de su corazón, y no le negaste la petición de sus labios. *Selah*

Porque lo has bendecido para siempre; lo llenaste de alegría con tu presencia.

Salmos 21.1, 2, 6

Respóndeme, Jehová, porque benigna es tu misericordia; mírame conforme a la multitud de tus piedades.

No escondas de tu siervo tu rostro, porque estoy angustiado; apresúrate, óyeme.

Acércate a mi alma, redímela; líbrame a causa de mis enemigos.

Salmos 69.16-18

Con mi voz clamé a Dios, a Dios clamé, y Él me escuchará.

Salmos 77.1

Porque sol y escudo es Jehová Dios; gracia y gloria dará Jehová. No quitará el bien a los que andan en integridad.

Jehová de los ejércitos, dichoso el hombre que en ti confía.

Salmos 84.11, 12

Sostiene Jehová a todos los que caen, y levanta a todos los oprimidos.

Los ojos de todos esperan en ti, y tú les das su comida a su tiempo.

Abres tu mano, y colmas de bendición a todo ser viviente.

Justo es Jehová en todos sus caminos, y misericordioso en todas sus obras.

Cercano está Jehová a todos los que le invocan, a todos los que le invocan de veras.

Cumplirá el deseo de los que le temen; oirá asimismo el clamor de ellos, y los salvará.

Jehová guarda a todos los que le aman, mas destruirá a todos los impíos.

Salmos 145.14-20

Con Exhortación

Por lo demás, hermanos, os rogamos y exhortamos en el Señor Jesús, que de la manera que aprendisteis de nosotros cómo os conviene conduciros y agradar a Dios, así abundéis más y más.

1 Tesalonicenses 4.1

Porque de la manera que en un cuerpo tenemos muchos miembros, pero no todos los miembros tienen la misma función.

Romanos 12.4-8

Y considerémonos unos a otros para estimularnos al amor y a las buenas obras.

No dejando de congregarnos, como algunos tienen por costumbre, sino exhortándonos; y tanto más, cuanto veis que aquel día se acerca.

Hebreos 10.24, 25

A los tales mandamos y exhortamos por nuestro Señor Jesucristo, que trabajando sosegadamente, coman su propio pan.

Y vosotros, hermanos, no os canséis de hacer bien.

Si alguno no obedece a lo que decimos por medio de esta carta, a ése señaladlo, y no os juntéis con él, para que se avergüence.

Mas no lo tengáis por enemigo, sino amonestadle como a hermano.

2 Tesalonicenses 3.12-15

Dijo entonces Jesús a los judíos que habían creído en Él: Si vosotros permaneciereis en mi palabra, seréis verdaderamente mis discípulos.

Y conoceréis la verdad, y la verdad os hará libres.

Le respondieron: Linaje de Abraham somos, y jamás hemos sido esclavos de nadie. ¿Cómo dices tú: Seréis libres?

Jesús les respondió: De cierto, de cierto os digo, que todo aquel que hace pecado, esclavo es del pecado.

Y el esclavo no queda en la casa para siempre; el hijo sí queda para siempre.

Así que, si el Hijo os libertare, seréis verdaderamente libres.

Juan 8.31-36

Antes exhortaos los unos a los otros cada día, entre tanto que se dice: Hoy; para que ninguno de vosotros se endurezca por el engaño del pecado.

Porque somos hechos participantes de Cristo, con tal que retengamos firme hasta el fin nuestra confianza del principio.

Entre tanto que se dice: Si oyereis hoy su voz, no endurezcáis vuestros corazones, como en la provocación.

Hebreos 3.13-15

No reprendas al anciano, sino exhórtale como a padre; a los más jóvenes, como a hermanos.

A las ancianas, como a madres; a las jovencitas, como a hermanas, con toda pureza.

1 Timoteo 5.1, 2

Aguardando la esperanza bienaventurada y la manifestación gloriosa de nuestro gran Dios y Salvador Jesucristo.

Quien se dio a sí mismo por nosotros para redimirnos de toda iniquidad y purificar para sí un pueblo propio, celoso de buenas obras.

Esto habla, y exhorta y reprende con toda autoridad. Nadie te menosprecie.

Tito 2.13-15

Amados, por la gran solicitud que tenía de escribiros acerca de nuestra común salvación, me ha sido necesario escribiros exhortándoos que contendáis ardientemente por la fe que ha sido una vez dada a los santos.

Judas 3

Con su Palabra

Entonces Jesús fue llevado por el Espíritu al desierto, para ser tentado por el diablo.

Y después de haber ayunado cuarenta días y cuarenta noches, tuvo hambre.

Y vino a Él el tentador, y le dijo: Si eres Hijo de Dios, di que estas piedras se conviertan en pan.

Él respondió y dijo: Escrito está: No sólo de pan vivirá el hombre, sino de toda palabra que sale de la boca de Dios.

Mateo 4.1-4

También debes saber esto: que en los postreros días vendrán tiempos peligrosos.

Pero persiste tú en lo que has aprendido y te persuadiste, sabiendo de quién has aprendido.

Y que desde la niñez has sabido las Sagradas Escrituras, las cuales te pueden hacer sabio para la salvación por la fe que es en Cristo Jesús.

Toda la Escritura es inspirada por Dios, y útil para enseñar, para redargüir, para corregir, para instruir en justicia.

A fin de que el hombre de Dios sea perfecto, enteramente preparado para toda buena obra.

2 Timoteo 3.1, 14-17

Porque la palabra de Dios es viva y eficaz, y más cortante que toda espada de dos filos; y penetra hasta partir el alma y el espíritu, las coyunturas y los tuétanos, y discierne los pensamientos y las intenciones del corazón.

Hebreos 4.12

Maravillosos son tus testimonios; por tanto, los ha guardado mi alma.

La exposición de tus palabras alumbra; hace entender a los simples.

Salmos 119.129, 130

Sumamente pura es tu palabra, y la ama tu siervo.

Pequeño soy yo, y desechado, mas no me he olvidado de tus mandamientos.

Tu justicia es justicia eterna, y tu ley la verdad.

Aflicción y angustia se han apoderado de mí, mas tus mandamientos fueron mi delicia.

Salmos 119.140-143

Así será mi palabra que sale de mi boca; no volverá a mí vacía, sino que hará lo que yo quiero, y será prosperada en aquello para que la envié.

Isaías 55.11

Entendiendo primero esto, que ninguna profecía de la Escritura es de interpretación privada.

Porque nunca la profecía fue traída por voluntad humana, sino que los santos hombres de Dios hablaron siendo inspirados por el Espíritu Santo.

2 Peter 1.20, 21

Mira, oh Jehová, que amo tus mandamientos; vivifícame conforme a tu misericordia.

La suma de tu palabra es verdad, y eterno es todo juicio de tu justicia. *Sin*

Príncipes me han perseguido sin causa, pero mi corazón tuvo temor de tus palabras.

Me regocijo en tu palabra como el que halla muchos despojos.

La mentira aborrezco y abomino; tu ley amo.

Siete veces al día te alabo a causa de tus justos juicios.

Mucha paz tienen los que aman tu ley, y no hay para ellos tropiezo.

Tu salvación he esperado, oh Jehová, y tus mandamientos he puesto por obra.

Mi alma ha guardado tus testimonios, y los he amado en gran manera.

He guardado tus mandamientos y tus testimonios, porque todos mis caminos están delante de ti. *Tau*

Salmos 119.159-168

Porque recta es la palabra de Jehová, y toda su obra es hecha con fidelidad.

Él ama justicia y juicio; de la misericordia de Jehová está llena la tierra.

Por la palabra de Jehová fueron hechos los cielos, y todo el ejército de ellos por el aliento de su boca.

Él junta como montón las aguas del mar; Él pone en depósitos los abismos.

Tema a Jehová toda la tierra; teman delante de Él todos los habitantes del mundo.

Porque Él dijo, y fue hecho; el mandó, y existió.

Salmos 33.4-9

En cuanto a Dios, perfecto es su camino, y acrisolada la palabra de Jehová; escudo es a todos los que en Él esperan.

Porque ¿quién es Dios sino sólo Jehová? ¿Y qué roca hay fuera de nuestro Dios?

Dios es el que me ciñe de poder, y quien hace perfecto mi camino.

Salmos 18.30-32

El que tiene mis mandamientos, y los guarda, ése es el que me ama; y el que me ama, será amado por mi Padre, y yo le amaré, y me manifestaré a Él.

Le dijo Judas (no el Iscariote): Señor, ¿cómo es que te manifestarás a nosotros, y no al mundo?

Respondió Jesús y le dijo: El que me ama, mi palabra guardará; y mi Padre le amará, y vendremos a Él, y haremos morada con Él.

El que no me ama, no guarda mis palabras; y la palabra que habéis oído no es mía, sino del Padre que me envió.

Os he dicho estas cosas estando con vosotros.

Mas el Consolador, el Espíritu Santo, a quien el Padre enviará en mi nombre, Él os enseñará todas las cosas, y os recordará todo lo que yo os he dicho.

Juan 14.21-26

El cielo y la tierra pasarán, pero mis palabras no pasarán.

Mateo 24.35

Con Devoción

Y me buscaréis y me hallaréis, porque me buscaréis de todo vuestro corazón.

Jeremías 29.13

A Jehová cantaré en mi vida; a mi Dios cantaré salmos mientras viva.

Dulce será mi meditación en Él; yo me regocijaré en Jehová.

Salmos 104.33, 34

Nunca se apartará de tu boca este libro de la ley, sino que de día y de noche meditarás en él, para que guardes y hagas conforme a todo lo que en él está escrito; porque entonces harás prosperar tu camino, y todo te saldrá bien.

Josué 1.8

Ahora, pues, Israel, ¿qué pide Jehová tu Dios de ti, sino que temas a Jehová tu Dios, que andes en todos sus caminos, y que lo ames, y sirvas a Jehová tu Dios con todo tu corazón y con toda tu alma; que guardes los mandamientos de Jehová y sus estatutos, que yo te prescribo hoy, para que tengas prosperidad?

Deuteronomio 10.12, 13

¡Oh, cuánto amo yo tu ley! Todo el día es ella mi meditación.

Me has hecho más sabio que mis enemigos con tus mandamientos, porque siempre están conmigo.

Más que todos mis enseñadores he entendido, porque tus testimonios son mi meditación.

Salmos 119.97-99

Consideré mis caminos, y volví mis pies a tus testimonios.

Me apresuré y no me retardé en guardar tus mandamientos.

Compañías de impíos me han rodeado, mas no me he olvidado de tu ley.

A medianoche me levanto para alabarte por tus justos juicios.

Compañero soy yo de todos los que te temen y guardan tus mandamientos.

De tu misericordia, oh Jehová, está llena la tierra; enséñame tus estatutos. *Tet*

Salmos 119.59-64

En esto conocemos que amamos a los hijos de Dios, cuando amamos a Dios, y guardamos sus mandamientos.

Pues este es el amor a Dios, que guardemos sus mandamientos; y sus mandamientos no son gravosos.

Porque todo lo que es nacido de Dios vence al mundo; y esta es la victoria que ha vencido al mundo, nuestra fe.

1 Juan 5.2-4

Alabad a Jehová, invocad su nombre; dad a conocer sus obras en los pueblos.

Cantadle, cantadle salmos; hablad de todas sus maravillas.

Gloriaos en su santo nombre; alégrese el corazón de los que buscan a Jehová.

Buscad a Jehová y su poder; buscad siempre su rostro.

Acordaos de las maravillas que Él ha hecho, de sus prodigios y de los juicios de su boca.

Salmos 105.1-5

Con Respeto Mutuo

Por lo cual, siendo libre de todos, me he hecho siervo de todos para ganar a mayor número.

1 Corintios 9.19

Donde no hay griego ni judío, circuncisión ni incircuncisión, bárbaro ni escita, siervo ni libre, sino que Cristo es el todo, y en todos.

Colosenses 3.11-14

Someteos unos a otros en el temor de Dios.

Las casadas estén sujetas a sus propios maridos, como al Señor.

Porque el marido es cabeza de la mujer, así como Cristo es cabeza de la iglesia, la cual es su cuerpo, y Él es su Salvador.

Así que, como la iglesia está sujeta a Cristo, así también las casadas lo estén a sus maridos en todo.

Maridos, amad a vuestras mujeres, así como Cristo amó a la iglesia, y se entregó a sí mismo por ella.

Para santificarla, habiéndola purificado en el lavamiento del agua por la palabra.

Efesios 5.21-26

Y considerémonos unos a otros para estimularnos al amor y a las buenas obras.

Hebreos 10.24

Siempre orando por vosotros, damos gracias a Dios, Padre de nuestro Señor Jesucristo.

Colosenses 1.3

Porque no hay acepción de personas para con Dios.

Romanos 2.11

Igualmente, jóvenes, estad sujetos a los ancianos; y todos, sumisos unos a otros, revestíos de humildad; porque: Dios resiste a los soberbios, y da gracia a los humildes.

Humillaos, pues, bajo la poderosa mano de Dios, para que Él os exalte cuando fuere tiempo.

1 Pedro 5.5, 6

Con Gratitud

Alabad a Jehová, porque Él es bueno; porque para siempre es su misericordia.

Díganlo los redimidos de Jehová, los que ha redimido del poder del enemigo

Salmos 107.1, 2

Reconoced que Jehová es Dios; Él nos hizo, y no nosotros a nosotros mismos; pueblo suyo somos, y ovejas de su prado.

Entrad por sus puertas con acción de gracias, por sus atrios con alabanza; alabadle, bendecid su nombre.

Porque Jehová es bueno; para siempre es su misericordia, y su verdad por todas las generaciones.

Salmos 100.3-5

Dad gracias en todo, porque esta es la voluntad de Dios para con vosotros en Cristo Jesús.

1 Tesalonicenses 5.18

Mas gracias sean dadas a Dios, que nos da la victoria por medio de nuestro Señor Jesucristo.

Así que, hermanos míos amados, estad firmes y constantes, creciendo en la obra del Señor siempre, sabiendo que vuestro trabajo en el Señor no es en vano.

1 Corintios 15.57, 58

Y la paz de Dios gobierne en vuestros corazones, a la que asimismo fuisteis llamados en un solo cuerpo; y sed agradecidos.

Y todo lo que hacéis, sea de palabra o de hecho, hacedlo todo en el nombre del Señor Jesús, dando gracias a Dios Padre por medio de Él.

Colosenses 3.15, 17

Bueno es alabarte, oh Jehová, y cantar salmos a tu nombre, oh Altísimo; anunciar por la mañana tu misericordia, y tu fidelidad cada noche.

Salmos 92.1, 2

Venid, aclamemos alegremente a Jehová; cantemos con júbilo a la roca de nuestra salvación.

Lleguemos ante su presencia con alabanza; aclamémosle con cánticos.

Porque Jehová es Dios grande, y Rey grande sobre todos los dioses.

Salmos 95.1-3

DIOS EDIFICA SU FAMILIA
Con Alabanza

Alabad a Dios en su santuario; alabadle en la magnificencia de su firmamento.

Alabadle por sus proezas; alabadle conforme a la muchedumbre de su grandeza.

Alabadle a son de bocina; alabadle con salterio y arpa.

Alabadle con pandero y danza; alabadle con cuerdas y flautas.

Alabadle con címbalos resonantes; alabadle con címbalos de júbilo.

Todo lo que respira alabe a JAH. Aleluya.

Salmos 150.1-6

Cantad con gozo a Dios, fortaleza nuestra; al Dios de Jacob aclamad con júbilo.

Entonad canción, y tañed el pandero, el arpa deliciosa y el salterio.

Tocad la trompeta en la nueva luna, en el día señalado, en el día de nuestra fiesta solemne.

Porque estatuto es de Israel, ordenanza del Dios de Jacob.

Salmos 81.1-4

Alabad a Jehová, invocad su nombre; dad a conocer sus obras en los pueblos.

Cantadle, cantadle salmos; hablad de todas sus maravillas.

Gloriaos en su santo nombre; alégrese el corazón de los que buscan a Jehová.

Salmos 105.1-3

Él es el objeto de tu alabanza, y Él es tu Dios, que ha hecho contigo estas cosas grandes y terribles que tus ojos han visto.

Deuteronomio 10.21

Aleluya. Alabad a Jehová, porque Él es bueno; porque para siempre es su misericordia.

¿Quién expresará las poderosas obras de Jehová? ¿Quién contará sus alabanzas?

Dichosos los que guardan juicio, los que hacen justicia en todo tiempo.

Salmos 106.1-3

Alegraos, oh justos, en Jehová; en los íntegros es hermosa la alabanza.

Aclamad a Jehová con arpa; cantadle con salterio y decacordio.

Cantadle cántico nuevo; hacedlo bien, tañendo con júbilo.

Salmos 33.1-3

Bendeciré a Jehová en todo tiempo; su alabanza estará de continuo en mi boca.

En Jehová se gloriará mi alma; lo oirán los mansos, y se alegrarán.

Engrandeced a Jehová conmigo, y exaltemos a una su nombre.

Salmos 34.1-3

DIOS BENDICE A SU FAMILIA

Con Amor

Bendito sea Jehová, porque ha hecho maravillosa su misericordia para conmigo en ciudad fortificada.

Decía yo en mi premura: Cortado soy de delante de tus ojos; pero tú oíste la voz de mis ruegos cuando a ti clamaba.

Amad a Jehová, todos vosotros sus santos; a los fieles guarda Jehová, y paga abundantemente al que procede con soberbia.

Esforzaos todos vosotros los que esperáis en Jehová, y tome aliento vuestro corazón.

Salmos 31.21-24

Para que habite Cristo por la fe en vuestros corazones, a fin de que, arraigados y cimentados en amor.

Seáis plenamente capaces de comprender con todos los santos cuál sea la anchura, la longitud, la profundidad y la altura.

Y de conocer el amor de Cristo, que excede a todo conocimiento, para que seáis llenos de toda la plenitud de Dios.

Efesios 3.17-19

Y sabemos que a los que aman a Dios, todas las cosas les ayudan a bien, esto es, a los que conforme a su propósito son llamados.

Romanos 8.28

Y la esperanza no avergüenza; porque el amor de Dios ha sido derramado en nuestros corazones por el Espíritu Santo que nos fue dado.

Ciertamente, apenas morirá alguno por un justo; con todo, pudiera ser que alguno osara morir por el bueno.

Mas Dios muestra su amor para con nosotros, en que siendo aún pecadores, Cristo murió por nosotros.

Pues mucho más, estando ya justificados en su sangre, por Él seremos salvos de la ira.

Romanos 5.5, 7-9

Ahora, así dice Jehová, Creador tuyo, oh Jacob, y Formador tuyo, oh Israel: No temas, porque yo te redimí; te puse nombre, mío eres tú.

Cuando pases por las aguas, yo estaré contigo; y si por los ríos, no te anegarán. Cuando pases por el fuego, no te quemarás, ni la llama arderá en ti.

Porque yo Jehová, Dios tuyo, el Santo de Israel, soy tu Salvador; a Egipto he dado por tu rescate, a Etiopía y a Seba por ti.

Porque a mis ojos fuiste de gran estima, fuiste honorable, y yo te amé; daré, pues, hombres por ti, y naciones por tu vida.

Isaías 43.1-4

Pero cuando se manifestó la bondad de Dios nuestro Salvador, y su amor para con los hombres.

Nos salvó, no por obras de justicia que nosotros hubiéramos hecho, sino por su misericordia, por el lavamiento de la regeneración y por la renovación en el Espíritu Santo.

El cual derramó en nosotros abundantemente por Jesucristo nuestro Salvador.

Para que justificados por su gracia, viniésemos a ser herederos conforme a la esperanza de la vida eterna.

Palabra fiel es esta, y en estas cosas quiero que insistas con firmeza, para que los que creen en Dios procuren ocuparse en buenas obras. Estas cosas son buenas y útiles a los hombres.

Tito 3.4-8

Jehová está en medio de ti, poderoso, Él salvará; se gozará sobre ti con alegría, callará de amor, se regocijará sobre ti con cánticos.

Sofonias 3.17

Con Fuerza

Todo lo puedo en Cristo que me fortalece.

Filipenses 4.13

Jehová es mi fortaleza y mi escudo; en Él confió mi corazón, y fui ayudado, por lo que se gozó mi corazón, y con mi cántico le alabaré.

Jehová es la fortaleza de su pueblo, y el refugio salvador de su ungido.

Salva a tu pueblo, y bendice a tu heredad; y pastoréales y susténtales para siempre.

Salmos 28.7-9

Tributad a Jehová, oh hijos de los poderosos, dad a Jehová la gloria y el poder.

Dad a Jehová la gloria debida a su nombre; adorad a Jehová en la hermosura de la santidad.

Voz de Jehová sobre las aguas; truena el Dios de gloria, Jehová sobre las muchas aguas.

Voz de Jehová con potencia; voz de Jehová con gloria.

Voz de Jehová que desgaja las encinas, y desnuda los bosques; en su templo todo proclama su gloria.

Jehová preside en el diluvio, y se sienta Jehová como rey para siempre.

Jehová dará poder a su pueblo; Jehová bendecirá a su pueblo con paz.

Salmos 29.1-4, 9-11

Dios es nuestro amparo y fortaleza, nuestro pronto auxilio en las tribulaciones.

Por tanto, no temeremos, aunque la tierra sea removida, y se traspasen los montes al corazón del mar.

Aunque bramen y se turben sus aguas, y tiemblen los montes a causa de su braveza. *Selah*

Del río sus corrientes alegran la ciudad de Dios, el santuario de las moradas del Altísimo.

Dios está en medio de ella; no será conmovida. Dios la ayudará al clarear la mañana.

Salmos 46.1-5

Confiad en Jehová perpetuamente, porque en Jehová el Señor está la fortaleza de los siglos.

Isaías 26.4

¿A quién tengo yo en los cielos sino a ti? Y fuera de ti nada deseo en la tierra.

Mi carne y mi corazón desfallecen; mas la roca de mi corazón y mi porción es Dios para siempre.

Porque he aquí, los que se alejan de ti perecerán; tú destruirás a todo aquel que de ti se aparta.

Pero en cuanto a mí, el acercarme a Dios es el bien; he puesto en Jehová el Señor mi esperanza, para contar todas tus obras.

Salmos 73.25-28

¿Y qué más digo? Porque el tiempo me faltaría contando de Gedeón, de Barac, de Sansón, de Jefté, de David, así como de Samuel y de los profetas.

Que por fe conquistaron reinos, hicieron justicia, alcanzaron promesas, taparon bocas de leones.

Apagaron fuegos impetuosos, evitaron filo de espada, sacaron fuerzas de debilidad, se hicieron fuertes en batallas, pusieron en fuga ejércitos extranjeros.

Hebreos 11.32-34

Y me ha dicho: Bástate mi gracia; porque mi poder se perfecciona en la debilidad. Por tanto, de buena gana me gloriaré más bien en mis debilidades, para que repose sobre mí el poder de Cristo.

Por lo cual, por amor a Cristo me gozo en las debilidades, en afrentas, en necesidades, en persecuciones, en angustias; porque cuando soy débil, entonces soy fuerte.

2 Corintios 12.9, 10

No temas, porque yo estoy contigo; no desmayes, porque yo soy tu Dios que te esfuerzo; siempre te ayudaré, siempre te sustentaré con la diestra de mi justicia.

Isaías 41.10

Con Gozo

Aunque la higuera no florezca, ni en las vides haya frutos, aunque falte el producto del olivo, y los labrados no den mantenimiento, y las ovejas sean quitadas de la majada, y no haya vacas en los corrales.

Con todo, yo me alegraré en Jehová, y me gozaré en el Dios de mi salvación.

Jehová el Señor es mi fortaleza, el cual hace mis pies como de ciervas, y en mis alturas me hace andar.

Habacuc 3.17-19

Pero alégrense todos los que en ti confían; den voces de júbilo para siempre, porque tú los defiendes; en ti se regocijen los que aman tu nombre.

Porque tú, oh Jehová, bendecirás al justo; como con un escudo lo rodearás de tu favor.

Salmos 5.11, 12

Si guardareis mis mandamientos, permaneceréis en mi amor; así como yo he guardado los mandamientos de mi Padre, y permanezco en su amor.

Estas cosas os he hablado, para que mi gozo esté en vosotros, y vuestro gozo sea cumplido.

Juan 15.10, 11

Luego les dijo: Id, comed grosuras, y bebed vino dulce, y enviad porciones a los que no tienen nada preparado; porque día santo es a nuestro Señor; no os entristezcáis, porque el gozo de Jehová es vuestra fuerza.

Los levitas, pues, hacían callar a todo el pueblo, diciendo: Callad, porque es día santo, y no os entristezcáis.

Y todo el pueblo se fue a comer y a beber, y a obsequiar porciones, y a gozar de grande alegría, porque habían entendido las palabras que les habían enseñado.

Nehemias 8.10-12

Ciertamente consolará Jehová a Sion; consolará todas sus soledades, y cambiará su desierto en paraíso, y su soledad en huerto de Jehová; se hallará en ella alegría y gozo, alabanza y voces de canto.

¿No eres tú el que secó el mar, las aguas del gran abismo; el que transformó en camino las profundidades del mar para que pasaran los redimidos?

Isaías 51.3, 11

Jesús conoció que querían preguntarle, y les dijo: ¿Preguntáis entre vosotros acerca de esto que dije: Todavía un poco y no me veréis, y de nuevo un poco y me veréis?

De cierto, de cierto os digo, que vosotros lloraréis y lamentaréis, y el mundo se alegrará; pero aunque vosotros estéis tristes, vuestra tristeza se convertirá en gozo.

La mujer cuando da a luz, tiene dolor, porque ha llegado su hora; pero después que ha dado a luz un niño, ya no se acuerda de la angustia, por el gozo de que haya nacido un hombre en el mundo.

También vosotros ahora tenéis tristeza; pero os volveré a ver, y se gozará vuestro corazón, y nadie os quitará vuestro gozo.

Juan 16.19-22

Pero el ángel les dijo: No temáis; porque he aquí os doy nuevas de gran gozo, que será para todo el pueblo:

Que os ha nacido hoy, en la ciudad de David, un Salvador, que es CRISTO el Señor.

Esto os servirá de señal: Hallaréis al niño envuelto en pañales, acostado en un pesebre.

Y repentinamente apareció con el ángel una multitud de las huestes celestiales, que alababan a Dios, y decían:

¡Gloria a Dios en las alturas, y en la tierra paz, buena voluntad para con los hombres!

Lucas 2.10-14

Con Fruto

Yo soy la vid verdadera, y mi Padre es el labrador.

Todo pámpano que en mí no lleva fruto, lo quitará; y todo aquel que lleva fruto, lo limpiará, para que lleve más fruto.

Ya vosotros estáis limpios por la palabra que os he hablado.

Permaneced en mí, y yo en vosotros. Como el pámpano no puede llevar fruto por sí mismo, si no permanece en la vid, así tampoco vosotros, si no permanecéis en mí.

Yo soy la vid, vosotros los pámpanos; el que permanece en mí, y yo en él, éste lleva mucho fruto; porque separados de mí nada podéis hacer.

El que en mí no permanece, será echado fuera como pámpano, y se secará; y los recogen, y los echan en el fuego, y arden.

Si permanecéis en mí, y mis palabras permanecen en vosotros, pedid todo lo que queréis, y os será hecho.

En esto es glorificado mi Padre, en que llevéis mucho fruto, y seáis así mis discípulos.

Como el Padre me ha amado, así también yo os he amado; permaneced en mi amor.

Juan 15.1-9

Mas el fruto del Espíritu es amor, gozo, paz, paciencia, benignidad, bondad, fe.

Mansedumbre, templanza; contra tales cosas no hay ley.

Pero los que son de Cristo han crucificado la carne con sus pasiones y deseos.

Si vivimos por el Espíritu, andemos también por el Espíritu.

No nos hagamos vanagloriosos, irritándonos unos a otros, envidiándonos unos a otros.

Gálatas 5.22-26

Por lo cual también nosotros, desde el día que lo oímos, no cesamos de orar por vosotros, y de pedir que seáis llenos del conocimiento de su voluntad en toda sabiduría e inteligencia espiritual.

Para que andéis como es digno del Señor, agradándole en todo, llevando fruto en toda buena obra, y creciendo en el conocimiento de Dios.

Colosenses 1.9-10

Mejor es mi fruto que el oro, y que el oro refinado; y mi rédito mejor que la plata escogida.

Por vereda de justicia guiaré, por en medio de sendas de juicio.

Para hacer que los que me aman tengan su heredad, y que yo llene sus tesoros.

Proverbios 8.19-21

Digo: ¿Qué es el hombre, para que tengas de Él memoria, y el hijo del hombre, para que lo visites?

Le has hecho poco menor que los ángeles, y lo coronaste de gloria y de honra.

Le hiciste señorear sobre las obras de tus manos; todo lo pusiste debajo de sus pies.

Ovejas y bueyes, todo ello, y asimismo las bestias del campo.

Las aves de los cielos y los peces del mar; todo cuanto pasa por los senderos del mar.

¡Oh Jehová, Señor nuestro, cuán grande es tu nombre en toda la tierra!

Salmos 8.4-9

Pídeme, y te daré por herencia las naciones, y como posesión tuya los confines de la tierra.

Salmos 2.8

Porque yo me volveré a vosotros, y os haré crecer, y os multiplicaré, y afirmaré mi pacto con vosotros.

Levítico 26.9

Tu mujer será como vid que lleva fruto a los lados de tu casa; tus hijos como plantas de olivo alrededor de tu mesa.

Salmos 128.3

Con Reposo

Y Él dijo: Mi presencia irá contigo, y te daré descanso.

Éxodo 33.14

Venid a mí todos los que estáis trabajados y cargados, y yo os haré descansar.

Mateo 11.28-30

Él les dijo: Venid vosotros aparte a un lugar desierto, y descansad un poco. Porque eran muchos los que iban y venían, de manera que ni aun tenían tiempo para comer.

Marcos 6.31

Al cual Dios levantó, sueltos los dolores de la muerte, por cuanto era imposible que fuese retenido por ella.

Porque David dice de Él: Veía al Señor siempre delante de mí; porque está a mi diestra, no seré conmovido.

Por lo cual mi corazón se alegró, y se gozó mi lengua, y aun mi carne descansará en esperanza.

Porque no dejarás mi alma en el Hades, ni permitirás que tu Santo vea corrupción.

Hechos 2.24-27

El que los guió por la diestra de Moisés con el brazo de su gloria; el que dividió las aguas delante de ellos, haciéndose así nombre perpetuo.

El que los condujo por los abismos, como un caballo por el desierto, sin que tropezaran.

El Espíritu de Jehová los pastoreó, como a una bestia que desciende al valle; así pastoreaste a tu pueblo, para hacerte nombre glorioso.

Isaías 63.12-14

Jehová guarda a los sencillos; estaba yo postrado, y me salvó.

Vuelve, oh alma mía, a tu reposo, porque Jehová te ha hecho bien.

Salmos 116.6, 7

Porque hasta ahora no habéis entrado al reposo y a la heredad que os da Jehová vuestro Dios.

Mas pasaréis el Jordán, y habitaréis en la tierra que Jehová vuestro Dios os hace heredar; y Él os dará reposo de todos vuestros enemigos alrededor, y habitaréis seguros.

Deuteronomio 12.9, 10

Con su Espíritu

Pues nuestro evangelio no llegó a vosotros en palabras solamente, sino también en poder, en el Espíritu Santo y en plena certidumbre, como bien sabéis cuáles fuimos entre vosotros por amor de vosotros.

1 Tesalonicenses 1.5

¿No sabéis que sois templo de Dios, y que el Espíritu de Dios mora en vosotros?

1 Corintios 3.16

Amados, si Dios nos ha amado así, debemos también nosotros amarnos unos a otros.

Nadie ha visto jamás a Dios. Si nos amamos unos a otros, Dios permanece en nosotros, y su amor se ha perfeccionado en nosotros.

En esto conocemos que permanecemos en Él, y Él en nosotros, en que nos ha dado de su Espíritu.

1 Juan 4.11-13

Mas vosotros no vivís según la carne, sino según el Espíritu, si es que el Espíritu de Dios mora en vosotros. Y si alguno no tiene el Espíritu de Cristo, no es de Él.

Pero si Cristo está en vosotros, el cuerpo en verdad está muerto a causa del pecado, mas el espíritu vive a causa de la justicia.

Y si el Espíritu de aquel que levantó de los muertos a Jesús mora en vosotros, el que levantó de los muertos a Cristo Jesús vivificará también vuestros cuerpos mortales por su Espíritu que mora en vosotros.

Así que, hermanos, deudores somos, no a la carne, para que vivamos conforme a la carne.

Porque si vivís conforme a la carne, moriréis; mas si por el Espíritu hacéis morir las obras de la carne, viviréis.

Porque todos los que son guiados por el Espíritu de Dios, éstos son hijos de Dios.

Pues no habéis recibido el espíritu de esclavitud para estar otra vez en temor, sino que habéis recibido el espíritu de adopción, por el cual clamamos: ¡Abba, Padre!

El Espíritu mismo da testimonio a nuestro espíritu, de que somos hijos de Dios.

Romanos 8.9-16

Pero Dios nos las reveló a nosotros por el Espíritu; porque el Espíritu todo lo escudriña, aun lo profundo de Dios.

Porque ¿quién de los hombres sabe las cosas del hombre, sino el espíritu del hombre que está en Él? Así tampoco nadie conoció las cosas de Dios, sino el Espíritu de Dios.

Y nosotros no hemos recibido el espíritu del mundo, sino el Espíritu que proviene de Dios, para que sepamos lo que Dios nos ha concedido.

Lo cual también hablamos, no con palabras enseñadas por sabiduría humana, sino con las que enseña el Espíritu, acomodando lo espiritual a lo espiritual.

Pero el hombre natural no percibe las cosas que son del Espíritu de Dios, porque para Él son locura, y no las puede entender, porque se han de discernir espiritualmente.

En cambio el espiritual juzga todas las cosas; pero Él no es juzgado de nadie.

Porque ¿quién conoció la mente del Señor? ¿Quién le instruirá? Mas nosotros tenemos la mente de Cristo.

1 Corintios 2.10-16

El cual también nos ha sellado, y nos ha dado las arras del Espíritu en nuestros corazones.

2 Corintios 1.22

Y la esperanza no avergüenza; porque el amor de Dios ha sido derramado en nuestros corazones por el Espíritu Santo que nos fue dado.

Romanos 5.5

Y el que guarda sus mandamientos, permanece en Dios, y Dios en él. Y en esto sabemos que Él permanece en nosotros, por el Espíritu que nos ha dado.

1 Juan 3.24

Con Esperanza

Y el Dios de esperanza os llene de todo gozo y paz en el creer, para que abundéis en esperanza por el poder del Espíritu Santo.

Romanos 15.13

Amados, ahora somos hijos de Dios, y aún no se ha manifestado lo que hemos de ser; pero sabemos que cuando Él se manifieste, seremos semejantes a Él, porque le veremos tal como Él es.

Y todo aquel que tiene esta esperanza en Él, se purifica a sí mismo, así como Él es puro.

1 Juan 3.2, 3

Pues tengo por cierto que las aflicciones del tiempo presente no son comparables con la gloria venidera que en nosotros ha de manifestarse.

Porque el anhelo ardiente de la creación es el aguardar la manifestación de los hijos de Dios.

Porque en esperanza fuimos salvos; pero la esperanza que se ve, no es esperanza; porque lo que alguno ve, ¿a qué esperarlo?

Pero si esperamos lo que no vemos, con paciencia lo aguardamos.

Romanos 8.18, 19, 24, 25

Estas cosas os he hablado para que en mí tengáis paz. En el mundo tendréis aflicción; pero confiad, yo he vencido al mundo.

Juan 16.33

Mi escondedero y mi escudo eres tú; en tu palabra he esperado.

Salmos 119.114

He aquí el ojo de Jehová sobre los que le temen, sobre los que esperan en su misericordia.

Para librar sus almas de la muerte, y para darles vida en tiempo de hambre.

Nuestra alma espera a Jehová; nuestra ayuda y nuestro escudo es Él.

Por tanto, en Él se alegrará nuestro corazón, porque en su santo nombre hemos confiado.

Sea tu misericordia, oh Jehová, sobre nosotros, según esperamos en ti.

Salmos 33.18-22

Por la misericordia de Jehová no hemos sido consumidos, porque nunca decayeron sus misericordias.

Nuevas son cada mañana; grande es tu fidelidad.

Mi porción es Jehová, dijo mi alma; por tanto, en Él esperaré.

Lamentaciones 3.22-24

Con Dirección

Así ha dicho Jehová, Redentor tuyo, el Santo de Israel: Yo soy Jehová Dios tuyo, que te enseña provechosamente, que te encamina por el camino que debes seguir.

Isaías 48.17

Encomienda a Jehová tus obras, y tus pensamientos serán afirmados.

Proverbios 16.3

Jehová te pastoreará siempre, y en las sequías saciará tu alma, y dará vigor a tus huesos; y serás como huerto de riego, y como manantial de aguas, cuyas aguas nunca faltan.

Isaías 58.11

Y guiaré a los ciegos por camino que no sabían, les haré andar por sendas que no habían conocido; delante de ellos cambiaré las tinieblas en luz, y lo escabroso en llanura. Estas cosas les haré, y no los desampararé.

Isaías 42.16

Reconócelo en todos tus caminos, y Él enderezará tus veredas.

Proverbios 3.6

Te haré entender, y te enseñaré el camino en que debes andar; sobre ti fijaré mis ojos.

Salmos 32.8

Me has guiado según tu consejo, y después me recibirás en gloria.

Salmos 73.24

Y pondré dentro de vosotros mi Espíritu, y haré que andéis en mis estatutos, y guardéis mis preceptos, y los pongáis por obra.

Ezequiel 36.27

DIOS CAMBIA A SU FAMILIA

Con Arrepentimiento

Desde entonces comenzó Jesús a predicar, y a decir: Arrepentíos, porque el reino de los cielos se ha acercado.

Mateo 4.17

Os digo: No; antes si no os arrepentís, todos pereceréis igualmente.

O aquellos dieciocho sobre los cuales cayó la torre en Siloé, y los mató, ¿pensáis que eran más culpables que todos los hombres que habitan en Jerusalén?

Os digo: No; antes si no os arrepentís, todos pereceréis igualmente.

Lucas 13.3-5

Pedro les dijo: Arrepentíos, y bautícese cada uno de vosotros en el nombre de Jesucristo para perdón de los pecados; y recibiréis el don del Espíritu Santo.

Hechos 2.38

Por eso pues, ahora, dice Jehová, convertíos a mí con todo vuestro corazón, con ayuno y lloro y lamento.

Rasgad vuestro corazón, y no vuestros vestidos, y convertíos a Jehová vuestro Dios; porque misericordioso es y clemente, tardo para la ira y grande en misericordia, y que se duele del castigo.

Joel 2.12-13

¿Y piensas esto, oh hombre, tú que juzgas a los que tal hacen, y haces lo mismo, que tú escaparás del juicio de Dios?

¿O menosprecias las riquezas de su benignidad, paciencia y longanimidad, ignorando que su benignidad te guía al arrepentimiento?

Romanos 2.3-4

Mirad por vosotros mismos. Si tu hermano pecare contra ti, repréndele; y si se arrepintiere, perdónale.

Y si siete veces al día pecare contra ti, y siete veces al día volviere a ti, diciendo: Me arrepiento; perdónale.

Lucas 17.3-4

Por tanto, así dijo Jehová: Si te convirtieres, yo te restauraré, y delante de mí estarás; y si entresacares lo precioso de lo vil, serás como mi boca. Conviértanse ellos a ti, y tú no te conviertas a ellos.

Jeremías 15.19

Si se humillare mi pueblo, sobre el cual mi nombre es invocado, y oraren, y buscaren mi rostro, y se convirtieren de sus malos caminos; entonces yo oiré desde los cielos, y perdonaré sus pecados, y sanaré su tierra.

2 Crónicas 7.14

Venid y volvamos a Jehová; porque Él arrebató, y nos curará; hirió, y nos vendará.

Oseas 6.1

Con Perdón

Si decimos que tenemos comunión con Él, y andamos en tinieblas, mentimos, y no practicamos la verdad

Pero si andamos en luz, como Él está en luz, tenemos comunión unos con otros, y la sangre de Jesucristo su Hijo nos limpia de todo pecado.

Si decimos que no tenemos pecado, nos engañamos a nosotros mismos, y la verdad no está en nosotros.

Si confesamos nuestros pecados, Él es fiel y justo para perdonar nuestros pecados, y limpiarnos de toda maldad.

Si decimos que no hemos pecado, le hacemos a Él mentiroso, y su palabra no está en nosotros.

1 Juan 1.6-10

Pero si alguno me ha causado tristeza, no me la ha causado a mí solo, sino en cierto modo (por no exagerar) a todos vosotros.

Le basta a tal persona esta represión hecha por muchos.

Así que, al contrario, vosotros más bien debéis perdonarle y consolarle, para que no sea consumido de demasiada tristeza.

Por lo cual os ruego que confirméis el amor para con Él.

Porque también para este fin os escribí, para tener la prueba de si vosotros sois obedientes en todo.

Y al que vosotros perdonáis, yo también; porque también yo lo que he perdonado, si algo he perdonado, por vosotros lo he hecho en presencia de Cristo.

Para que Satanás no gane ventaja alguna sobre nosotros; pues no ignoramos sus maquinaciones.

2 Corintios 2.5-11

Y cuando estéis orando, perdonad, si tenéis algo contra alguno, para que también vuestro Padre que está en los cielos os perdone a vosotros vuestras ofensas.

Porque si vosotros no perdonáis, tampoco vuestro Padre que está en los cielos os perdonará vuestras ofensas.

Marcos 11.25-26

Y perdónanos nuestras deudas, como también nosotros perdonamos a nuestros deudores.

Y no nos metas en tentación, mas líbranos del mal; porque tuyo es el reino, y el poder, y la gloria, por todos los siglos. Amén.

Porque si perdonáis a los hombres sus ofensas, os perdonará también a vosotros vuestro Padre celestial.

Mas si no perdonáis a los hombres sus ofensas, tampoco vuestro Padre os perdonará vuestras ofensas.

Mateo 6.12-15

Yo, yo soy el que borro tus rebeliones por amor de mí mismo, y no me acordaré de tus pecados.

Isaias 43.25

Por tanto, si traes tu ofrenda al altar, y allí te acuerdas de que tu hermano tiene algo contra ti.

Deja allí tu ofrenda delante del altar, y anda, reconcíliate primero con tu hermano, y entonces ven y presenta tu ofrenda.

Mateo 5.23-24

Quítense de vosotros toda amargura, enojo, ira, gritería y maledicencia, y toda malicia.

Antes sed benignos unos con otros, misericordiosos, perdonándoos unos a otros, como Dios también os perdonó a vosotros en Cristo.

Efesios 4.31-32

Mirad por vosotros mismos. Si tu hermano pecare contra ti, repréndele; y si se arrepintiere, perdónale.

Lucas 17.3

Con Paciencia

Hermanos míos, tened por sumo gozo cuando os halléis en diversas pruebas.

Sabiendo que la prueba de vuestra fe produce paciencia.

Mas tenga la paciencia su obra completa, para que seáis perfectos y cabales, sin que os falte cosa alguna.

Santiago 1.2-4

Porque os es necesaria la paciencia, para que habiendo hecho la voluntad de Dios, obtengáis la promesa.

Hebreos 10.36

Gozosos en la esperanza; sufridos en la tribulación; constantes en la oración.

Romanos 12.12

Al conocimiento, dominio propio; al dominio propio, paciencia; a la paciencia, piedad.

2 Pedro 1.6

Por tanto, nosotros también, teniendo en derredor nuestro tan grande nube de testigos, despojémonos de todo peso y del pecado que nos asedia, y corramos con paciencia la carrera que tenemos por delante.

Hebreos 12.1

Y no sólo esto, sino que también nos gloriamos en las tribulaciones, sabiendo que la tribulación produce paciencia. Y la paciencia, prueba; y la prueba, esperanza.

Romanos 5.3-4

Porque las cosas que se escribieron antes, para nuestra enseñanza se escribieron, a fin de que por la paciencia y la consolación de las Escrituras, tengamos esperanza. Pero el Dios de la paciencia y de la consolación os dé entre vosotros un mismo sentir según Cristo Jesús.

Romanos 15.4-5

Pacientemente esperé a Jehová, y se inclinó a mí, y oyó mi clamor.

Salmos 40.1

Con Fe

Es, pues, la fe la certeza de lo que se espera, la convicción de lo que no se ve.

Porque por ella alcanzaron buen testimonio los antiguos.

Por la fe entendemos haber sido constituido el universo por la palabra de Dios, de modo que lo que se ve fue hecho de lo que no se veía.

Por la fe Abel ofreció a Dios más excelente sacrificio que Caín, por lo cual alcanzó testimonio de que era justo, dando Dios testimonio de sus ofrendas; y muerto, aún habla por ella.

Por la fe Enoc fue traspuesto para no ver muerte, y no fue hallado, porque lo traspuso Dios; y antes que fuese traspuesto, tuvo testimonio de haber agradado a Dios.

Pero sin fe es imposible agradar a Dios; porque es necesario que el que se acerca a Dios crea que le hay, y que es galardonador de los que le buscan.

Por la fe Noé, cuando fue advertido por Dios acerca de cosas que aún no se veían, con temor preparó el arca en que su casa se salvase; y por esa fe condenó al mundo, y fue hecho heredero de la justicia que viene por la fe.

Por la fe Abraham, siendo llamado, obedeció para salir al lugar que había de recibir como herencia; y salió sin saber a dónde iba.

Por la fe habitó como extranjero en la tierra prometida como en tierra ajena, morando en tiendas con Isaac y Jacob, coherederos de la misma promesa.

Porque esperaba la ciudad que tiene fundamentos, cuyo arquitecto y constructor es Dios.

Por la fe también la misma Sara, siendo estéril, recibió fuerza para concebir; y dio a luz aun fuera del tiempo de la edad, porque creyó que era fiel quien lo había prometido.

Por lo cual también, de uno, y ése ya casi muerto, salieron como las estrellas del cielo en multitud, y como la arena innumerable que está a la orilla del mar.

Conforme a la fe murieron todos éstos sin haber recibido lo prometido, sino mirándolo de lejos, y creyéndolo, y saludándolo, y confesando que eran extranjeros y peregrinos sobre la tierra.

Hebreos 11.1-13

Mas la Escritura lo encerró todo bajo pecado, para que la promesa que es por la fe en Jesucristo fuese dada a los creyentes.

Pero antes que viniese la fe, estábamos confinados bajo la ley, encerrados para aquella fe que iba a ser revelada.

De manera que la ley ha sido nuestro ayo, para llevarnos a Cristo, a fin de que fuésemos justificados por la fe.

Pero venida la fe, ya no estamos bajo ayo.

Pues todos sois hijos de Dios por la fe en Cristo Jesús

Galatas 3.22-26

Velad, estad firmes en la fe; portaos varonilmente, y esforzaos.

1 Corintios 16.13

Porque no me avergüenzo del evangelio, porque es poder de Dios para salvación a todo aquel que cree; al judío primeramente, y también al griego.

Porque en el evangelio la justicia de Dios se revela por fe y para fe, como está escrito: Mas el justo por la fe vivirá.

Romanos 1.16-17

Y padre de la circuncisión, para los que no solamente son de la circuncisión, sino que también siguen las pisadas de la fe que tuvo nuestro padre Abraham antes de ser circuncidado.

Porque no por la ley fue dada a Abraham o a su descendencia la promesa de que sería heredero del mundo, sino por la justicia de la fe.

Porque si los que son de la ley son los herederos, vana resulta la fe, y anulada la promesa.

Pues la ley produce ira; pero donde no hay ley, tampoco hay transgresión.

Por tanto, es por fe, para que sea por gracia, a fin de que la promesa sea firme para toda su descendencia; no solamente para la que es de la ley, sino también para la que es de la fe de Abraham, el cual es padre de todos nosotros

(como está escrito: Te he puesto por padre de muchas gentes) delante de Dios, a quien creyó, el cual da vida a los muertos, y llama las cosas que no son, como si fuesen.

El creyó en esperanza contra esperanza, para llegar a ser padre de muchas gentes, conforme a lo que se le había dicho: Así será tu descendencia.

(Porque por fe andamos, no por vista)

2 Corintios 5.7

Jesús les dijo: Por vuestra poca fe; porque de cierto os digo, que si tuviereis fe como un grano de mostaza, diréis a este monte: Pásate de aquí allá, y se pasará; y nada os será imposible.

Mateo 17.20

Pero Él dijo a la mujer: Tu fe te ha salvado, ve en paz.

Lucas 7.50

Porque no tenemos lucha contra sangre y carne, sino contra principados, contra potestades, contra los gobernadores de las tinieblas de este siglo, contra huestes espirituales de maldad en las regiones celestes.

Por tanto, tomad toda la armadura de Dios, para que podáis resistir en el día malo, y habiendo acabado todo, estar firmes.

Estad, pues, firmes, ceñidos vuestros lomos con la verdad, y vestidos con la coraza de justicia.

Y calzados los pies con el apresto del evangelio de la paz.

Sobre todo, tomad el escudo de la fe, con que podáis apagar todos los dardos de fuego del maligno.

Efesios 6.12-16

Bendecirá a los que temen a Jehová, a pequeños y a grandes.

Aumentará Jehová bendición sobre vosotros; sobre vosotros y sobre vuestros hijos.

Benditos vosotros de Jehová, que hizo los cielos y la tierra.

Salmos 115.13-15

Con Buenas Obras

El justo florecerá como la palmera; crecerá como cedro en el Líbano.

Plantados en la casa de Jehová, en los atrios de nuestro Dios florecerán.

Aun en la vejez fructificarán; estarán vigorosos y verdes.

Salmos 92.12-14

Bienaventurado el hombre que teme a Jehová, y en sus mandamientos se deleita en gran manera.

Salmos 112.1

Bienaventurados los perfectos de camino, los que andan en la ley de Jehová.

Bienaventurados los que guardan sus testimonios, y con todo el corazón le buscan.

Pues no hacen iniquidad los que andan en sus caminos.

Salmos 119.1-3

Y sobre todas estas cosas vestíos de amor, que es el vínculo perfecto.

Y la paz de Dios gobierne en vuestros corazones, a la que asimismo fuisteis llamados en un solo cuerpo; y sed agradecidos.

La palabra de Cristo more en abundancia en vosotros, enseñándoos y exhortándoos unos a otros en toda sabiduría, cantando con gracia en vuestros corazones al Señor con salmos e himnos y cánticos espirituales.

Y todo lo que hacéis, sea de palabra o de hecho, hacedlo todo en el nombre del Señor Jesús, dando gracias a Dios Padre por medio de Él.

Colosenses 3.14-17

No nos cansemos, pues, de hacer bien; porque a su tiempo segaremos, si no desmayamos.

Así que, según tengamos oportunidad, hagamos bien a todos, y mayormente a los de la familia de la fe.

Gálatas 6.9-10

¿Quién es el hombre que desea vida, que desea muchos días para ver el bien?

Guarda tu lengua del mal, y tus labios de hablar engaño.

Apártate del mal, y haz el bien; busca la paz, y síguela.

Los ojos de Jehová están sobre los justos, y atentos sus oídos al clamor de ellos.

Salmos 34.12-15

Encomienda a Jehová tus obras, y tus pensamientos serán afirmados.

Proverbios 16.3

De cierto, de cierto os digo: El que en mí cree, las obras que yo hago, él las hará también; y aun mayores hará, porque yo voy al Padre.

Juan 14.12

Con Obediencia

Así que, hermanos, os ruego por las misericordias de Dios, que presentéis vuestros cuerpos en sacrificio vivo, santo, agradable a Dios, que es vuestro culto racional.

Romanos 12.1

Mas esto les mandé, diciendo: Escuchad mi voz, y seré a vosotros por Dios, y vosotros me seréis por pueblo; y andad en todo camino que os mande, para que os vaya bien.

Jeremias 7.23

El que tiene mis mandamientos, y los guarda, ése es el que me ama; y el que me ama, será amado por mi Padre, y yo le amaré, y me manifestaré a él.

Juan 14.21

Ahora, pues, si diereis oído a mi voz, y guardareis mi pacto, vosotros seréis mi especial tesoro sobre todos los pueblos; porque mía es toda la tierra.

Éxodo 19.5

Y cualquiera cosa que pidiéremos la recibiremos de Él, porque guardamos sus mandamientos, y hacemos las cosas que son agradables delante de Él.

1 Juan 3.22

Por tanto, nosotros también, teniendo en derredor nuestro tan grande nube de testigos, despojémonos de todo peso y del pecado que nos asedia, y corramos con paciencia la carrera que tenemos por delante.

Hebreos 12.1-2

Porque Dios es el que en vosotros produce así el querer como el hacer, por su buena voluntad.

Filipenses 1 19.33-34

Y si morimos con Cristo, creemos que también viviremos con Él.

Sabiendo que Cristo, habiendo resucitado de los muertos, ya no muere; la muerte no se enseñorea más de Él.

Porque en cuanto murió, al pecado murió una vez por todas; mas en cuanto vive, para Dios vive.

Así también vosotros consideraos muertos al pecado, pero vivos para Dios en Cristo Jesús, Señor nuestro.

No reine, pues, el pecado en vuestro cuerpo mortal, de modo que lo obedezcáis en sus concupiscencias.

Ni tampoco presentéis vuestros miembros al pecado como instrumentos de iniquidad, sino presentaos vosotros mismos a Dios como vivos de entre los muertos, y vuestros miembros a Dios como instrumentos de justicia.

Porque el pecado no se enseñoreará de vosotros; pues no estáis bajo la ley, sino bajo la gracia.

¿Qué, pues? ¿Pecaremos, porque no estamos bajo la ley, sino bajo la gracia? En ninguna manera.

¿No sabéis que si os sometéis a alguien como esclavos para obedecerle, sois esclavos de aquel a quien obedecéis, sea del pecado para muerte, o sea de la obediencia para justicia?

Pero gracias a Dios, que aunque erais esclavos del pecado, habéis obedecido de corazón a aquella forma de doctrina a la cual fuisteis entregados.

Y libertados del pecado, vinisteis a ser siervos de la justicia.

Romanos 6.8-18

Y les daré un corazón, y un espíritu nuevo pondré dentro de ellos; y quitaré el corazón de piedra de en medio de su carne, y les daré un corazón de carne.

Para que anden en mis ordenanzas, y guarden mis decretos y los cumplan, y me sean por pueblo, y yo sea a ellos por Dios.

Ezequiel 11.19-20

Y Samuel dijo: ¿Se complace Jehová tanto en los holocaustos y víctimas, como en que se obedezca a las palabras de Jehová? Ciertamente el obedecer es mejor que los sacrificios, y el prestar atención que la grosura de los carneros.

1 Samuel 15.22

Y dijo Jeremías: No te entregarán. Oye ahora la voz de Jehová que yo te hablo, y te irá bien y vivirás.

Jeremias 38.20

Por tanto, ceñid los lomos de vuestro entendimiento, sed sobrios, y esperad por completo en la gracia que se os traerá cuando Jesucristo sea manifestado.

Como hijos obedientes, no os conforméis a los deseos que antes teníais estando en vuestra ignorancia.

Sino, como aquel que os llamó es santo, sed también vosotros santos en toda vuestra manera de vivir

Porque escrito está: Sed santos, porque yo soy santo.

1 Pedro 1.13-16

Con Conocimiento

El que ama la instrucción ama la sabiduría; mas el que aborrece la represión es ignorante.

Proverbios 12.1

El revela lo profundo y lo escondido; conoce lo que está en tinieblas, y con él mora la luz.

Daniel 2.22

Y esto pido en oración, que vuestro amor abunde aun más y más en ciencia y en todo conocimiento.

Para que aprobéis lo mejor, a fin de que seáis sinceros e irreprensibles para el día de Cristo.

Llenos de frutos de justicia que son por medio de Jesucristo, para gloria y alabanza de Dios.

Filipenses 1.9-11

Y guarda sus estatutos y sus mandamientos, los cuales yo te mando hoy, para que te vaya bien a ti y a tus hijos después de ti, y prolongues tus días sobre la tierra que Jehová tu Dios te da para siempre.

Deuteronomio 4.40

Tus manos me hicieron y me formaron; hazme entender, y aprenderé tus mandamientos.

Salmos 119.73

Porque en todas las cosas fuisteis enriquecidos en Él, en toda palabra y en toda ciencia.

1 Corintios 1.5

Entonces les abrió el entendimiento, para que comprendiesen las Escrituras.

Lucas 24.45

Y Él dijo: Antes bienaventurados los que oyen la palabra de Dios, y la guardan.

Lucas 11.28

Con Benevolencia

Si yo hablase lenguas humanas y angélicas, y no tengo amor, vengo a ser como metal que resuena, o címbalo que retiñe.

Y si tuviese profecía, y entendiese todos los misterios y toda ciencia, y si tuviese toda la fe, de tal manera que trasladase los montes, y no tengo amor, nada soy.

Y si repartiese todos mis bienes para dar de comer a los pobres, y si entregase mi cuerpo para ser quemado, y no tengo amor, de nada me sirve.

El amor es sufrido, es benigno; el amor no tiene envidia, el amor no es jactancioso, no se envanece.

No hace nada indebido, no busca lo suyo, no se irrita, no guarda rencor.

No se goza de la injusticia, mas se goza de la verdad.

Todo lo sufre, todo lo cree, todo lo espera, todo lo soporta.

1 Corintios 13.1-7

Quítense de vosotros toda amargura, enojo, ira, gritería y maledicencia, y toda malicia.

Antes sed benignos unos con otros, misericordiosos, perdonándoos unos a otros, como Dios también os perdonó a vosotros en Cristo.

Efesios 4.31, 32

Finalmente, sed todos de un mismo sentir, compasivos, amándoos fraternalmente, misericordiosos, amigables.

No devolviendo mal por mal, ni maldición por maldición, sino por el contrario, bendiciendo, sabiendo que fuisteis llamados para que heredaseis bendición.

1 Pedro 3.8-9

Porque mejor es tu misericordia que la vida; mis labios te alabarán.

Salmos 63.3

Y ante todo, tened entre vosotros ferviente amor; porque el amor cubrirá multitud de pecados.

1 Pedro 4.8

También os rogamos, hermanos, que amonestéis a los ociosos, que alentéis a los de poco ánimo, que sostengáis a los débiles, que seáis pacientes para con todos.

Mirad que ninguno pague a otro mal por mal; antes seguid siempre lo bueno unos para con otros, y para con todos.

1 Tesalonicenses 5.14-15

Jehová se manifestó a mí hace ya mucho tiempo, diciendo: Con amor eterno te he amado; por tanto, te prolongué mi misericordia.

Jeremías 31.3

DIOS
PROTEGE
A SU
FAMILIA

Del Mal

Aunque ande en valle de sombra de muerte, no temeré mal alguno, porque tú estarás conmigo; tu vara y tu cayado me infundirán aliento.

Salmos 23.4

No os ha sobrevenido ninguna tentación que no sea humana; pero fiel es Dios, que no os dejará ser tentados más de lo que podéis resistir, sino que dará también juntamente con la tentación la salida, para que podáis soportar.

1 Corintios 10.13

Sabe el Señor librar de tentación a los piadosos, y reservar los injustos para ser castigados en el día del juicio.

2 Pedro 2.9

Someteos, pues, a Dios; resistid al diablo, y huirá de vosotros.

Santiago 4.7

Porque tú no eres un Dios que se complace en la maldad; el malo no habitará junto a ti.

Los insensatos no estarán delante de tus ojos; aborreces a todos los que hacen iniquidad.

Destruirás a los que hablan mentira; al hombre sanguinario y engañador abominará Jehová.

Mas yo por la abundancia de tu misericordia entraré en tu casa; adoraré hacia tu santo templo en tu temor.

Salmos 5.4-7

El que practica el pecado es del diablo; porque el diablo peca desde el principio. Para esto apareció el Hijo de Dios, para deshacer las obras del diablo.

1 Juan 3.8

Y el Dios de paz aplastará en breve a Satanás bajo vuestros pies. La gracia de nuestro Señor Jesucristo sea con vosotros.

Romanos 16.20

Os escribo a vosotros, padres, porque conocéis al que es desde el principio. Os escribo a vosotros, jóvenes, porque habéis vencido al maligno. Os escribo a vosotros, hijitos, porque habéis conocido al Padre.

Os he escrito a vosotros, padres, porque habéis conocido al que es desde el principio. Os he escrito a vosotros, jóvenes, porque sois fuertes, y la palabra de Dios permanece en vosotros, y habéis vencido al maligno.

1 Juan 2.13-14

De la Desesperación

¿Por qué te abates, oh alma mía, y te turbas dentro de mí? Espera en Dios; porque aún he de alabarle, salvación mía y Dios mío.

Dios mío, mi alma está abatida en mí; me acordaré, por tanto, de ti desde la tierra del Jordán, y de los hermonitas, desde el monte de Mizar.

Un abismo llama a otro a la voz de tus cascadas; todas tus ondas y tus olas han pasado sobre mí.

Pero de día mandará Jehová su misericordia, y de noche su cántico estará conmigo, y mi oración al Dios de mi vida.

Diré a Dios: Roca mía, ¿por qué te has olvidado de mí? ¿Por qué andaré yo enlutado por la opresión del enemigo?

Como quien hiere mis huesos, mis enemigos me afrentan, diciéndome cada día: ¿Dónde está tu Dios?

¿Por qué te abates, oh alma mía, y por qué te turbas dentro de mí? Espera en Dios; porque aún he de alabarle, salvación mía y Dios mío.

Salmos 42.5-11

Jehová, roca mía y castillo mío, y mi libertador; Dios mío, fortaleza mía, en Él confiaré; mi escudo, y la fuerza de mi salvación, mi alto refugio.

Invocaré a Jehová, quien es digno de ser alabado, y seré salvo de mis enemigos.

Me rodearon ligaduras de muerte, y torrentes de perversidad me atemorizaron.

Ligaduras del Seol me rodearon, me tendieron lazos de muerte.

En mi angustia invoqué a Jehová, y clamé a mi Dios. Él oyó mi voz desde su templo, y mi clamor llegó delante de Él, a sus oídos.

Salmos 18.2-6

Díganlo los redimidos de Jehová, los que ha redimido del poder del enemigo.

Y los ha congregado de las tierras, del oriente y del occidente, del norte y del sur.

Anduvieron perdidos por el desierto, por la soledad sin camino, sin hallar ciudad en donde vivir.

Hambrientos y sedientos, su alma desfallecía en ellos.

Entonces clamaron a Jehová en su angustia, y los libró de sus aflicciones.

Los dirigió por camino derecho, para que viniesen a ciudad habitable.

Alaben la misericordia de Jehová, y sus maravillas para con los hijos de los hombres.

Porque sacia al alma menesterosa, y llena de bien al alma hambrienta.

Salmos 107.2-9

Luego que clamaron a Jehová en su angustia, los libró de sus aflicciones.

Los sacó de las tinieblas y de la sombra de muerte, y rompió sus prisiones.

Alaben la misericordia de Jehová, y sus maravillas para con los hijos de los hombres.

Salmos 107.13-15

Jehová redime el alma de sus siervos, y no serán condenados cuantos en Él confían.

Salmos 34.22

A ordenar que a los afligidos de Sion se les dé gloria en lugar de ceniza, óleo de gozo en lugar de luto, manto de alegría en lugar del espíritu angustiado; y serán llamados árboles de justicia, plantío de Jehová, para gloria suya.

Isaias 61.3

Entonces invocarás, y te oirá Jehová; clamarás, y dirá Él: Heme aquí. Si quitares de en medio de ti el yugo, el dedo amenazador, y el hablar vanidad.

Isaias 58.9

Del Daño

Escucha, oh Jehová, mi oración, y está atento a la voz de mis ruegos.

En el día de mi angustia te llamaré, porque tú me respondes.

Salmos 86.6-7

Si Jehová no edificare la casa, en vano trabajan los que la edifican; si Jehová no guardare la ciudad, en vano vela la guardia.

Salmos 127.1

Así que, no os afanéis por el día de mañana, porque el día de mañana traerá su afán. Basta a cada día su propio mal.

Mateo 6.34

Me libró de mi poderoso enemigo, y de los que me aborrecían; pues eran más fuertes que yo.

Me asaltaron en el día de mi quebranto, mas Jehová fue mi apoyo.

Me sacó a lugar espacioso; me libró, porque se agradó de mí.

Salmos 18.17-19

Yo me acosté y dormí, y desperté, porque Jehová me sustentaba.

No temeré a diez millares de gente, que pusieren sitio contra mí.

Salmos 3.5-6

¿Y quién es aquel que os podrá hacer daño, si vosotros seguís el bien?

1 Pedro 3.13

Pero fiel es el Señor, que os afirmará y guardará del mal.

2 Tesalonicenses 3.3

Jehová te guardará de todo mal; Él guardará tu alma.
Jehová guardará tu salida y tu entrada desde ahora y para siempre.

Salmos 121.7-8

Del Pecado

Porque la ley del Espíritu de vida en Cristo Jesús me ha librado de la ley del pecado y de la muerte.

Romanos 8.2

Sabiendo que Cristo, habiendo resucitado de los muertos, ya no muere; la muerte no se enseñorea más de Él.

Por que en cuanto murió, al pecado murió una vez por todas; mas en cuanto vive, para Dios vive.

Así también vosotros consideraos muertos al pecado, pero vivos para Dios en Cristo Jesús, Señor nuestro.

No reine, pues, el pecado en vuestro cuerpo mortal, de modo que lo obedezcáis en sus concupiscencias.

Ni tampoco presentéis vuestros miembros al pecado como instrumentos de iniquidad, sino presentaos vosotros mismos a Dios como vivos de entre los muertos, y vuestros miembros a Dios como instrumentos de justicia.

Porque el pecado no se enseñoreará de vosotros; pues no estáis bajo la ley, sino bajo la gracia.

¿Qué, pues? ¿Pecaremos, porque no estamos bajo la ley, sino bajo la gracia? En ninguna manera.

¿No sabéis que si os sometéis a alguien como esclavos para obedecerle, sois esclavos de aquel a quien obedecéis, sea del pecado para muerte, o sea de la obediencia para justicia?

Pero gracias a Dios, que aunque erais esclavos del pecado, habéis obedecido de corazón a aquella forma de doctrina a la cual fuisteis entregados.

y libertados del pecado, vinisteis a ser siervos de la justicia.

Romanos 6.9-18

¿O pensáis que la Escritura dice en vano: El Espíritu que Él ha hecho morar en nosotros nos anhela celosamente?

Pero él da mayor gracia. Por esto dice: Dios resiste a los soberbios, y da gracia a los humildes.

Someteos, pues, a Dios; resistid al diablo, y huirá de vosotros.

Acercaos a Dios, y Él se acercará a vosotros. Pecadores, limpiad las manos; y vosotros los de doble ánimo, purificad vuestros corazones.

Santiago 4.5-8

Así que, el que piensa estar firme, mire que no caiga.

No os ha sobrevenido ninguna tentación que no sea humana; pero fiel es Dios, que no os dejará ser tentados más de lo que podéis resistir, sino que dará también juntamente con la tentación la salida, para que podáis soportar.

1 Corintios 10.12, 13

¿Qué, pues, diremos? ¿Perseveraremos en el pecado para que la gracia abunde?

En ninguna manera. Porque los que hemos muerto al pecado, ¿cómo viviremos aún en él?

¿O no sabéis que todos los que hemos sido bautizados en Cristo Jesús, hemos sido bautizados en su muerte?

Porque somos sepultados juntamente con él para muerte por el bautismo, a fin de que como Cristo resucitó de los muertos por la gloria del Padre, así también nosotros andemos en vida nueva.

Porque si fuimos plantados juntamente con Él en la semejanza de su muerte, así también lo seremos en la de su resurrección.

Sabiendo esto, que nuestro viejo hombre fue crucificado juntamente con Él, para que el cuerpo del pecado sea destruido, a fin de que no sirvamos más al pecado.

Porque el que ha muerto, ha sido justificado del pecado.

Y si morimos con Cristo, creemos que también viviremos con Él.

No reine, pues, el pecado en vuestro cuerpo mortal, de modo que lo obedezcáis en sus concupiscencias.

Ni tampoco presentéis vuestros miembros al pecado como instrumentos de iniquidad, sino presentaos vosotros mismos a Dios como vivos de entre los muertos, y vuestros miembros a Dios como instrumentos de justicia.

Porque el pecado no se enseñoreará de vosotros; pues no estáis bajo la ley, sino bajo la gracia.

Romanos 6.1-8, 12-14

Y a aquel que es poderoso para guardaros sin caída, y presentaros sin mancha delante de su gloria con gran alegría.

Al único y sabio Dios, nuestro Salvador, sea gloria y majestad, imperio y potencia, ahora y por todos los siglos. Amén.

Judas 24, 25

De Enemigos

Porque Jehová conoce el camino de los justos; mas la senda de los malos perecerá.

Salmos 1.6

Jehová ha oído mi ruego; ha recibido Jehová mi oración.

Se avergonzarán y se turbarán mucho todos mis enemigos; se volverán y serán avergonzados de repente.

Salmos 6.9,10

Jehová Dios mío, en ti he confiado; sálvame de todos los que me persiguen, y líbrame.

Salmos 7.1

No temeré a diez millares de gente, que pusieren sitio contra mí.

Levántate, Jehová; sálvame, Dios mío; porque tú heriste a todos mis enemigos en la mejilla; los dientes de los perversos quebrantaste.

Salmos 3.6-7

¿Qué, pues, diremos a esto? Si Dios es por nosotros, ¿quién contra nosotros?

Romanos 8.31

El eterno Dios es tu refugio, y acá abajo los brazos eternos; Él echó de delante de ti al enemigo, y dijo: Destruye.

Deuteronomio 33.27

Mas el que me oyere, habitará confiadamente y vivirá tranquilo, sin temor del mal.

Proverbios 1.33

Te amo, oh Jehová, fortaleza mía.

Jehová, roca mía y castillo mío, y mi libertador; Dios mío, fortaleza mía, en Él confiaré; mi escudo, y la fuerza de mi salvación, mi alto refugio.

Invocaré a Jehová, quien es digno de ser alabado, y seré salvo de mis enemigos.

Salmos 18.1-3

No te sobrevendrá mal, ni plaga tocará tu morada.

Pues a sus ángeles mandará acerca de ti, que te guarden en todos tus caminos.

Salmos 91.10,11

Del Temor

Jehová es mi luz y mi salvación; ¿de quién temeré? Jehová es la fortaleza de mi vida; ¿de quién he de atemorizarme?

Cuando se juntaron contra mí los malignos, mis angustiadores y mis enemigos, para comer mis carnes, ellos tropezaron y cayeron.

Aunque un ejército acampe contra mí, no temerá mi corazón; aunque contra mí se levante guerra, yo estaré confiado.

Salmos 27.1-3

Esforzaos y cobrad ánimo; no temáis, ni tengáis miedo de ellos, porque Jehová tu Dios es el que va contigo; no te dejará, ni te desamparará.

Y llamó Moisés a Josué, y le dijo en presencia de todo Israel: Esfuérzate y anímate; porque tú entrarás con este pueblo a la tierra que juró Jehová a sus padres que les daría, y tú se la harás heredar.

Y Jehová va delante de ti; Él estará contigo, no te dejará, ni te desamparará; no temas ni te intimides.

Deuteronomio 31.6-8

Pues no habéis recibido el espíritu de esclavitud para estar otra vez en temor, sino que habéis recibido el espíritu de adopción, por el cual clamamos: ¡Abba, Padre!

Romanos 8.15

En el amor no hay temor, sino que el perfecto amor echa fuera el temor; porque el temor lleva en sí castigo. De donde el que teme, no ha sido perfeccionado en el amor.

Nosotros le amamos a Él, porque Él nos amó primero.

1 Juan 4.18-19

Porque no nos ha dado Dios espíritu de cobardía, sino de poder, de amor y de dominio propio.

2 Timoteo 1.7

Cuando pases por las aguas, yo estaré contigo; y si por los ríos, no te anegarán. Cuando pases por Él fuego, no te quemarás, ni la llama arderá en ti.

Isaias 43.2

Engrandeced a Jehová conmigo, y exaltemos a una su nombre.

Busqué a Jehová, y él me oyó, y me libró de todos mis temores.

Salmos 34.3-4

No te sobrevendrá mal, ni plaga tocará tu morada.

Pues a sus ángeles mandará acerca de ti, que te guarden en todos tus caminos.

Salmos 91.10-11

Esforzaos todos vosotros los que esperáis en Jehová, y tome aliento vuestro corazón.

Salmos 31.24

DIOS CUBRE SU FAMILIA

Con sus Alas

Con sus plumas te cubrirá, y debajo de sus alas estarás seguro; escudo y adarga es su verdad.

No temerás el terror nocturno, ni saeta que vuele de día,

Ni pestilencia que ande en oscuridad, ni mortandad que en medio del día destruya.

Caerán a tu lado mil, y diez mil a tu diestra; mas a ti no llegará.

Ciertamente con tus ojos mirarás y verás la recompensa de los impíos.

Porque has puesto a Jehová, que es mi esperanza, al Altísimo por tu habitación,

No te sobrevendrá mal, ni plaga tocará tu morada.

Pues a sus ángeles mandará acerca de ti, que te guarden en todos tus caminos.

Salmos 91.4-11

Oye, oh Dios, mi clamor; a mi oración atiende.

Desde el cabo de la tierra clamaré a ti, cuando mi corazón desmayare. Llévame a la roca que es más alta que yo.

Porque tú has sido mi refugio, y torre fuerte delante del enemigo.

Yo habitaré en tu tabernáculo para siempre; estaré seguro bajo la cubierta de tus alas. *Selah*

Salmos 61.1-4

Sustenta mis pasos en tus caminos, para que mis pies no resbalen.

Yo te he invocado, por cuanto tú me oirás, oh Dios; inclina a mí tu oído, escucha mi palabra.

Muestra tus maravillosas misericordias, tú que salvas a los que se refugian a tu diestra, de los que se levantan contra ellos.

Guárdame como a la niña de tus ojos; escóndeme bajo la sombra de tus alas.

Salmos 17.5-8

Porque has sido mi socorro, y así en la sombra de tus alas me regocijaré.

Está mi alma apegada a ti; tu diestra me ha sostenido.

Salmos 63.7,8

Jehová, hasta los cielos llega tu misericordia, y tu fidelidad alcanza hasta las nubes.

Tu justicia es como los montes de Dios, tus juicios, abismo grande. Oh Jehová, al hombre y al animal conservas.

¡Cuán preciosa, oh Dios, es tu misericordia! Por eso los hijos de los hombres se amparan bajo la sombra de tus alas.

Serán completamente saciados de la grosura de tu casa, y tú los abrevarás del torrente de tus delicias.

Porque contigo está el manantial de la vida; en tu luz veremos la luz.

Extiende tu misericordia a los que te conocen, y tu justicia a los rectos de corazón.

Salmos 36.5-10

El eterno Dios es tu refugio, y acá abajo los brazos eternos;
el echó de delante de ti al enemigo, y dijo: Destruye.

Deuteronomio 33.27

DIOS CUBRE SU FAMILIA
Con su Salvación

Que si confesares con tu boca que Jesús es el Señor, y creyeres en tu corazón que Dios le levantó de los muertos, serás salvo.

Porque con el corazón se cree para justicia, pero con la boca se confiesa para salvación.

Pues la Escritura dice: Todo aquel que en Él creyere, no será avergonzado.

Porque no hay diferencia entre judío y griego, pues el mismo que es Señor de todos, es rico para con todos los que le invocan.

Porque todo aquel que invocare el nombre del Señor, será salvo.

Romanos 10.9-13

En gran manera me gozaré en Jehová, mi alma se alegrará en mi Dios; porque me vistió con vestiduras de salvación, me rodeó de manto de justicia, como a novio me atavió, y como a novia adornada con sus joyas.

Isaías 61.10

El que no escatimó ni a su propio Hijo, sino que lo entregó por todos nosotros, ¿cómo no nos dará también con Él todas las cosas?

Romanos 8.32

La salvación es de Jehová; sobre tu pueblo sea tu bendición. *Selah*

Salmos 3.8

Despertando el carcelero, y viendo abiertas las puertas de la cárcel, sacó la espada y se iba a matar, pensando que los presos habían huido.

Mas Pablo clamó a gran voz, diciendo: No te hagas ningún mal, pues todos estamos aquí.

Él entonces, pidiendo luz, se precipitó adentro, y temblando, se postró a los pies de Pablo y de Silas.

Y sacándolos, les dijo: Señores, ¿qué debo hacer para ser salvo?

Ellos dijeron: Cree en el Señor Jesucristo, y serás salvo, tú y tu casa.

Y le hablaron la palabra del Señor a el y a todos los que estaban en su casa.

Y el, tomándolos en aquella misma hora de la noche, les lavó las heridas; y en seguida se bautizó él con todos los suyos.

Y llevándolos a su casa, les puso la mesa; y se regocijó con toda su casa de haber creído a Dios.

Hechos 16.27-34

Porque la gracia de Dios se ha manifestado para salvación a todos los hombres.

Tito 2.11

Dios, habiendo hablado muchas veces y de muchas maneras en otro tiempo a los padres por los profetas.

En estos postreros días nos ha hablado por el Hijo, a quien constituyó heredero de todo, y por quien asimismo hizo el universo

El cual, siendo el resplandor de su gloria, y la imagen misma de su sustancia, y quien sustenta todas las cosas con la palabra de su poder, habiendo efectuado la purificación de nuestros pecados por medio de sí mismo, se sentó a la diestra de la Majestad en las alturas.

Hebreos 1.1-3

A quien amáis sin haberle visto, en quien creyendo, aunque ahora no lo veáis, os alegráis con gozo inefable y glorioso.

Obteniendo el fin de vuestra fe, que es la salvación de vuestras almas.

Los profetas que profetizaron de la gracia destinada a vosotros, inquirieron y diligentemente indagaron acerca de esta salvación.

1 Pedro 1.8-10

Nos salvó, no por obras de justicia que nosotros hubiéramos hecho, sino por su misericordia, por el lavamiento de la regeneración y por la renovación en el Espíritu Santo.

El cual derramó en nosotros abundantemente por Jesucristo nuestro Salvador.

Tito 3.5,6

Con su Justicia

Simón Pedro, siervo y apóstol de Jesucristo, a los que habéis alcanzado, por la justicia de nuestro Dios y Salvador Jesucristo, una fe igualmente preciosa que la nuestra.

Gracia y paz os sean multiplicadas, en el conocimiento de Dios y de nuestro Señor Jesús.

Como todas las cosas que pertenecen a la vida y a la piedad nos han sido dadas por su divino poder, mediante el conocimiento de aquel que nos llamó por su gloria y excelencia.

2 Pedro 1.1-3

Este es el mensaje que hemos oído de él, y os anunciamos: Dios es luz, y no hay ningunas tinieblas en Él.

Si decimos que tenemos comunión con Él, y andamos en tinieblas, mentimos, y no practicamos la verdad.

Pero si andamos en luz, como Él está en luz, tenemos comunión unos con otros, y la sangre de Jesucristo su Hijo nos limpia de todo pecado.

Si decimos que no tenemos pecado, nos engañamos a nosotros mismos, y la verdad no está en nosotros.

Si confesamos nuestros pecados, Él es fiel y justo para perdonar nuestros pecados, y limpiarnos de toda maldad.

Si decimos que no hemos pecado, le hacemos a Él mentiroso, y su palabra no está en nosotros.

1 Juan 1.5-10

En cuanto a mí, veré tu rostro en justicia; estaré satisfecho cuando despierte a tu semejanza.

Salmos 17.15

Te alabaré con rectitud de corazón cuando aprendiere tus justos juicios.

En mi corazón he guardado tus dichos, para no pecar contra ti.

Bendito tú, oh Jehová; enséñame tus estatutos.

Forastero soy yo en la tierra; no encubras de mí tus mandamientos.

Quebrantada está mi alma de desear tus juicios en todo tiempo.

Reprendiste a los soberbios, los malditos, que se desvían de tus mandamientos.

Salmos 119.7, 11, 12, 19-21

Así Abraham creyó a Dios, y le fue contado por justicia.

Sabed, por tanto, que los que son de fe, éstos son hijos de Abraham.

Gálatas 3.6, 7

Pero si Cristo está en vosotros, el cuerpo en verdad está muerto a causa del pecado, mas el espíritu vive a causa de la justicia.

Romanos 8.10

Con su Presencia

Mas tú, Jehová, eres escudo alrededor de mí; mi gloria, y el que levanta mi cabeza.

Salmos 3.3

Los que confían en Jehová son como el monte de Sion, que no se mueve, sino que permanece para siempre.

Como Jerusalén tiene montes alrededor de ella, así Jehová está alrededor de su pueblo desde ahora y para siempre.

Salmos 125.1, 2

Porque yo derramaré aguas sobre el sequedal, y ríos sobre la tierra árida; mi Espíritu derramaré sobre tu generación, y mi bendición sobre tus renuevos

Isaias 44.3

¿Qué, pues, diremos a esto? Si Dios es por nosotros, ¿quién contra nosotros?

El que no escatimó ni a su propio Hijo, sino que lo entregó por todos nosotros, ¿cómo no nos dará también con Él todas las cosas?

¿Quién acusará a los escogidos de Dios? Dios es el que justifica.

¿Quién es el que condenará? Cristo es el que murió; más aun, el que también resucitó, el que además está a la diestra de Dios, el que también intercede por nosotros.

¿Quién nos separará del amor de Cristo? ¿Tribulación, o angustia, o persecución, o hambre, o desnudez, o peligro, o espada?

Como está escrito: Por causa de ti somos muertos todo el tiempo; somos contados como ovejas de matadero.

Antes, en todas estas cosas somos más que vencedores por medio de aquel que nos amó.

Por lo cual estoy seguro de que ni la muerte, ni la vida, ni ángeles, ni principados, ni potestades, ni lo presente, ni lo por venir.

Ni lo alto, ni lo profundo, ni ninguna otra cosa creada nos podrá separar del amor de Dios, que es en Cristo Jesús Señor nuestro.

Romanos 8.31-39

Y pondré dentro de vosotros mi Espíritu, y haré que andéis en mis estatutos, y guardéis mis preceptos, y los pongáis por obra.

Ezequiel 36.27

Por lo demás, hermanos, tened gozo, perfeccionaos, consolaos, sed de un mismo sentir, y vivid en paz; y el Dios de paz y de amor estará con vosotros.

2 Corintios 13.11

Porque en Él vivimos, y nos movemos, y somos; como algunos de vuestros propios poetas también han dicho: Porque linaje suyo somos.

Hechos 17.28

Esforzaos y cobrad ánimo; no temáis, ni tengáis miedo de ellos, porque Jehová tu Dios es el que va contigo; no te dejará, ni te desamparará.

Deuteronomio 31.6

Ciertamente los justos alabarán tu nombre; los rectos morarán en tu presencia.

Salmos 140.13

Con su Misericordia

Mi corazón está dispuesto, oh Dios; cantaré y entonaré salmos; esta es mi gloria.

Despiértate, salterio y arpa; despertaré al alba.

Te alabaré, oh Jehová, entre los pueblos; a ti cantaré salmos entre las naciones.

Porque más grande que los cielos es tu misericordia, y hasta los cielos tu verdad.

Salmos 108.1-4

¡Oh Jehová, Señor nuestro, cuán glorioso es tu nombre en toda la tierra! Has puesto tu gloria sobre los cielos;

De la boca de los niños y de los que maman, fundaste la fortaleza, a causa de tus enemigos, para hacer callar al enemigo y al vengativo.

Salmos 89.1-2

Jehová, no me reprendas en tu enojo, ni me castigues con tu ira.

Ten misericordia de mí, oh Jehová, porque estoy enfermo; sáname, oh Jehová, porque mis huesos se estremecen.

Salmos 6.1-2

Muchos dolores habrá para el impío; mas al que espera en Jehová, le rodea la misericordia.

Alegraos en Jehová y gozaos, justos; y cantad con júbilo todos vosotros los rectos de corazón.

Salmos 32.10, 11

Mas la misericordia de Jehová es desde la eternidad y hasta la eternidad sobre los que le temen, y su justicia sobre los hijos de los hijos.

Sobre los que guardan su pacto, y los que se acuerdan de sus mandamientos para ponerlos por obra.

Jehová estableció en los cielos su trono, y su reino domina sobre todos.

Salmos 103.17-19

Nuestra alma espera a Jehová; nuestra ayuda y nuestro escudo es Él.

Por tanto, en Él se alegrará nuestro corazón, porque en su santo nombre hemos confiado.

Sea tu misericordia, oh Jehová, sobre nosotros, según esperamos en ti.

Salmos 33.20-22

Mas yo en tu misericordia he confiado; mi corazón se alegrará en tu salvación.

Cantaré a Jehová, porque me ha hecho bien.

Salmos 13.5,6

DIOS
LE DA
GRATUITAMENTE
A SU
FAMILIA

Confianza

Estas cosas os he escrito a vosotros que creéis en el nombre del Hijo de Dios, para que sepáis que tenéis vida eterna, y para que creáis en el nombre del Hijo de Dios.

Y esta es la confianza que tenemos en Él, que si pedimos alguna cosa conforme a su voluntad, Él nos oye.

Y si sabemos que Él nos oye en cualquiera cosa que pidamos, sabemos que tenemos las peticiones que le hayamos hecho.

1 Juan 5.13-15

Cuando te acuestes, no tendrás temor, sino que te acostarás, y tu sueño será grato.

No tendrás temor de pavor repentino, ni de la ruina de los impíos cuando viniere.

Porque Jehová será tu confianza, y Él preservará tu pie de quedar preso.

Proverbios 3.24-26

Te amo, oh Jehová, fortaleza mía.

Jehová, roca mía y castillo mío, y mi libertador; Dios mío, fortaleza mía, en Él confiaré; mi escudo, y la fuerza de mi salvación, mi alto refugio.

Invocaré a Jehová, quien es digno de ser alabado, y seré salvo de mis enemigos.

Salmos 18.1-3

El que habita al abrigo del Altísimo morará bajo la sombra del Omnipotente.

Diré yo a Jehová: Esperanza mía, y castillo mío; mi Dios, en quien confiaré.

Él te librará del lazo del cazador, de la peste destructora.

Con sus plumas te cubrirá, y debajo de sus alas estarás seguro; escudo y adarga es su verdad.

Salmos 91.1-4

Porque no nos ha dado Dios espíritu de cobardía, sino de poder, de amor y de dominio propio.

2 Timoteo 1.7

Mas tú, Jehová, eres escudo alrededor de mí; mi gloria, y el que levanta mi cabeza.

Con mi voz clamé a Jehová, y Él me respondió desde su monte santo. *Selah*

Salmos 3.3-4

Todo lo puedo en Cristo que me fortalece.

Filipenses 4.13

Por Jehová son ordenados los pasos del hombre, y Él aprueba su camino.

Cuando el hombre cayere, no quedará postrado, porque Jehová sostiene su mano.

Joven fui, y he envejecido, y no he visto justo desamparado, ni su descendencia que mendigue pan.

En todo tiempo tiene misericordia, y presta; y su descendencia es para bendición.

Salmos 37.23-26

Gracia y paz a vosotros, de Dios nuestro Padre y del Señor Jesucristo.

Doy gracias a mi Dios siempre que me acuerdo de vosotros.

Siempre en todas mis oraciones rogando con gozo por todos vosotros.

Por vuestra comunión en el evangelio, desde el primer día hasta ahora

Estando persuadido de esto, que el que comenzó en vosotros la buena obra, la perfeccionará hasta el día de Jesucristo

Filipenses 1.2-6

Sanidad Física

Y cuando la gente lo supo, le siguió; y Él les recibió, y les hablaba del reino de Dios, y sanaba a los que necesitaban ser curados.

Lucas 9.11

¿Está alguno entre vosotros afligido? Haga oración. ¿Está alguno alegre? Cante alabanzas.

¿Está alguno enfermo entre vosotros? Llame a los ancianos de la iglesia, y oren por él, ungiéndole con aceite en el nombre del Señor.

Y la oración de fe salvará al enfermo, y el Señor lo levantará; y si hubiere cometido pecados, le serán perdonados.

Confesaos vuestras ofensas unos a otros, y orad unos por otros, para que seáis sanados. La oración eficaz del justo puede mucho.

Santiago 5.13-16

Y cierto hombre de Listra estaba sentado, imposibilitado de los pies, cojo de nacimiento, que jamás había andado.

Este oyó hablar a Pablo, el cual, fijando en él sus ojos, y viendo que tenía fe para ser sanado.

Dijo a gran voz: Levántate derecho sobre tus pies. Y él saltó, y anduvo.

Hechos 14.8-10

Dios tenga misericordia de nosotros, y nos bendiga; haga resplandecer su rostro sobre nosotros; *Selah*.

Para que sea conocido en la tierra tu camino, en todas las naciones tu salvación.

Salmos 67.1-2

Vino a Él un leproso, rogándole; e hincada la rodilla, le dijo: Si quieres, puedes limpiarme.

Y Jesús, teniendo misericordia de él, extendió la mano y le tocó, y le dijo: Quiero, sé limpio.

Y así que Él hubo hablado, al instante la lepra se fue de aquél, y quedó limpio.

Marcos 1.40-42

Jehová Dios mío, a ti clamé, y me sanaste.

Salmos 30.2

Pedro, con Juan, fijando en él los ojos, le dijo: Míranos.

Entonces él les estuvo atento, esperando recibir de ellos algo.

Mas Pedro dijo: No tengo plata ni oro, pero lo que tengo te doy; en el nombre de Jesucristo de Nazaret, levántate y anda.

Y tomándole por la mano derecha le levantó; y al momento se le afirmaron los pies y tobillos.

Y saltando, se puso en pie y anduvo; y entró con ellos en el templo, andando, y saltando, y alabando a Dios.

Hechos 3.4-8

Entonces nacerá tu luz como el alba, y tu salvación se dejará ver pronto; e irá tu justicia delante de ti, y la gloria de Jehová será tu retaguardia.

Isaias 58.8

Llegue mi clamor delante de ti, oh Jehová; dame entendimiento conforme a tu palabra.

Llegue mi oración delante de ti; líbrame conforme a tu dicho.

Salmos 119.169-170

Mas tuve por necesario enviaros a Epafrodito, mi hermano y colaborador y compañero de milicia, vuestro mensajero, y ministrador de mis necesidades.

Porque él tenía gran deseo de veros a todos vosotros, y gravemente se angustió porque habíais oído que había enfermado.

Pues en verdad estuvo enfermo, a punto de morir; pero Dios tuvo misericordia de él, y no solamente de él, sino también de mí, para que yo no tuviese tristeza sobre tristeza.

Filipenses 2.25-27

Nueva Vida

De modo que si alguno está en Cristo, nueva criatura es; las cosas viejas pasaron; he aquí todas son hechas nuevas.

Y todo esto proviene de Dios, quien nos reconcilió consigo mismo por Cristo, y nos dio el ministerio de la reconciliación.

Que Dios estaba en Cristo reconciliando consigo al mundo, no tomándoles en cuenta a los hombres sus pecados, y nos encargó a nosotros la palabra de la reconciliación.

Así que, somos embajadores en nombre de Cristo, como si Dios rogase por medio de nosotros; os rogamos en nombre de Cristo: Reconciliaos con Dios.

Al que no conoció pecado, por nosotros lo hizo pecado, para que nosotros fuésemos hechos justicia de Dios en Él.

2 Corintios 5.17-21

Porque he aquí que yo crearé nuevos cielos y nueva tierra; y de lo primero no habrá memoria, ni más vendrá al pensamiento.

Mas os gozaréis y os alegraréis para siempre en las cosas que yo he creado; porque he aquí que yo traigo a Jerusalén alegría, y a su pueblo gozo.

Y me alegraré con Jerusalén, y me gozaré con mi pueblo; y nunca más se oirán en ella voz de lloro, ni voz de clamor.

No habrá más allí niño que muera de pocos días, ni viejo que sus días no cumpla; porque el niño morirá de cien años, y el pecador de cien años será maldito.

No edificarán para que otro habite, ni plantarán para que otro coma; porque según los días de los árboles serán los días de mi pueblo, y mis escogidos disfrutarán la obra de sus manos.

No trabajarán en vano, ni darán a luz para maldición; porque son linaje de los benditos de Jehová, y sus descendientes con ellos.

Y antes que clamen, responderé yo; mientras aún hablan, yo habré oído.

Isaias 65.17-20, 22-24

Esto, pues, digo y requiero en el Señor: que ya no andéis como los otros gentiles, que andan en la vanidad de su mente.

Teniendo el entendimiento entenebrecido, ajenos de la vida de Dios por la ignorancia que en ellos hay, por la dureza de su corazón.

Los cuales, después que perdieron toda sensibilidad, se entregaron a la lascivia para cometer con avidez toda clase de impureza.

Mas vosotros no habéis aprendido así a Cristo.

Si en verdad le habéis oído, y habéis sido por él enseñados, conforme a la verdad que está en Jesús.

En cuanto a la pasada manera de vivir, despojaos del viejo hombre, que está viciado conforme a los deseos engañosos.

Y renovaos en el espíritu de vuestra mente.

Y vestíos del nuevo hombre, creado según Dios en la justicia y santidad de la verdad.

Isaias 65.17-20, 22-24

Porque así como en Adán todos mueren, también en Cristo todos serán vivificados.

1 Corintios 15.22

Enderezándose Jesús, y no viendo a nadie sino a la mujer, le dijo: Mujer, ¿dónde están los que te acusaban? ¿Ninguno te condenó?

Ella dijo: Ninguno, Señor. Entonces Jesús le dijo: Ni yo te condeno; vete, y no peques más.

Otra vez Jesús les habló, diciendo: Yo soy la luz del mundo; el que me sigue, no andará en tinieblas, sino que tendrá la luz de la vida.

Juan 8.10-12

Dones Espirituales

Al oír esto, se compungieron de corazón, y dijeron a Pedro y a los otros apóstoles: Varones hermanos, ¿qué haremos?

Pedro les dijo: Arrepentíos, y bautícese cada uno de vosotros en el nombre de Jesucristo para perdón de los pecados; y recibiréis el don del Espíritu Santo.

Porque para vosotros es la promesa, y para vuestros hijos, y para todos los que están lejos; para cuantos el Señor nuestro Dios llamare.

Hechos 2.37-39

Y cuando comencé a hablar, cayó el Espíritu Santo sobre ellos también, como sobre nosotros al principio.

Entonces me acordé de lo dicho por el Señor, cuando dijo: Juan ciertamente bautizó en agua, mas vosotros seréis bautizados con el Espíritu Santo.

Si Dios, pues, les concedió también el mismo don que a nosotros que hemos creído en el Señor Jesucristo, ¿quién era yo que pudiese estorbar a Dios?

Hechos 11.15-17

Qué hombre hay de vosotros, que si su hijo le pide pan, le dará una piedra?

¿O si le pide un pescado, le dará una serpiente?

Pues si vosotros, siendo malos, sabéis dar buenas dádivas a vuestros hijos, ¿cuánto más vuestro Padre que está en los cielos dará buenas cosas a los que le pidan?

Mateo 7.9-11

No quiero, hermanos, que ignoréis acerca de los dones espirituales.

Ahora bien, hay diversidad de dones, pero el Espíritu es el mismo.

Y hay diversidad de ministerios, pero el Señor es el mismo.

Y hay diversidad de operaciones, pero Dios, que hace todas las cosas en todos, es el mismo.

Pero a cada uno le es dada la manifestación del Espíritu para provecho.

Porque a éste es dada por el Espíritu palabra de sabiduría; a otro, palabra de ciencia según el mismo Espíritu.

A otro, fe por el mismo Espíritu; y a otro, dones de sanidades por el mismo Espíritu.

A otro, el hacer milagros; a otro, profecía; a otro, discernimiento de espíritus; a otro, diversos géneros de lenguas; y a otro, interpretación de lenguas.

Pero todas estas cosas las hace uno y el mismo Espíritu, repartiendo a cada uno en particular como Él quiere.

1 Corintios 12.1, 4-11

Quisiera más bien que todos los hombres fuesen como yo; pero cada uno tiene su propio don de Dios, uno a la verdad de un modo, y otro de otro.

1 Corintios 7.7

Porque testigo me es Dios, a quien sirvo en mi espíritu en el evangelio de su Hijo, de que sin cesar hago mención de vosotros siempre en mis oraciones.

Rogando que de alguna manera tenga al fin, por la voluntad de Dios, un próspero viaje para ir a vosotros.

Porque deseo veros, para comunicaros algún don espiritual, a fin de que seáis confirmados.

Esto es, para ser mutuamente confortados por la fe que nos es común a vosotros y a mí.

Romanos 1.9-12

Porque de la manera que en un cuerpo tenemos muchos miembros, pero no todos los miembros tienen la misma función.

Así nosotros, siendo muchos, somos un cuerpo en Cristo, y todos miembros los unos de los otros.

De manera que, teniendo diferentes dones, según la gracia que nos es dada, si el de profecía, úsese conforme a la medida de la fe.

O si de servicio, en servir; o el que enseña, en la enseñanza.

El que exhorta, en la exhortación; el que reparte, con liberalidad; el que preside, con solicitud; el que hace misericordia, con alegría.

Romanos 12.4-8

No descuides el don que hay en ti, que te fue dado mediante profecía con la imposición de las manos del presbiterio.

1 Timoteo 4.14

Un Hogar Celestial

No se turbe vuestro corazón; creéis en Dios, creed también en mí.

En la casa de mi Padre muchas moradas hay; si así no fuera, yo os lo hubiera dicho; voy, pues, a preparar lugar para vosotros.

Y si me fuere y os preparare lugar, vendré otra vez, y os tomaré a mí mismo, para que donde yo estoy, vosotros también estéis.

Y sabéis a dónde voy, y sabéis el camino.

Juan 14.1-4

Bendito el Dios y Padre de nuestro Señor Jesucristo, que según su grande misericordia nos hizo renacer para una esperanza viva, por la resurrección de Jesucristo de los muertos.

Para una herencia incorruptible, incontaminada e inmarcesible, reservada en los cielos para vosotros.

Que sois guardados por el poder de Dios mediante la fe, para alcanzar la salvación que está preparada para ser manifestada en el tiempo postrero.

1 Pedro 1.3-5

Cuando el Hijo del Hombre venga en su gloria, y todos los santos ángeles con Él, entonces se sentará en su trono de gloria.

Y serán reunidas delante de Él todas las naciones; y apartará los unos de los otros, como aparta el pastor las ovejas de los cabritos.

Y pondrá las ovejas a su derecha, y los cabritos a su izquierda.

Entonces el Rey dirá a los de su derecha: Venid, benditos de mi Padre, heredad el reino preparado para vosotros desde la fundación del mundo.

Mateo 25.31-34

Pero anhelaban una mejor, esto es, celestial; por lo cual Dios no se avergüenza de llamarse Dios de ellos; porque les ha preparado una ciudad.

Hebreos 11.16

Mas la misericordia de Jehová es desde la eternidad y hasta la eternidad sobre los que le temen, y su justicia sobre los hijos de los hijos.

Sobre los que guardan su pacto, y los que se acuerdan de sus mandamientos para ponerlos por obra.

Jehová estableció en los cielos su trono, y su reino domina sobre todos.

Salmos 103.17-19

Jehová reina; temblarán los pueblos. Él está sentado sobre los querubines, se conmoverá la tierra.

Jehová en Sion es grande, y exaltado sobre todos los pueblos.

Salmos 99.1-2

Con todo, yo siempre estuve contigo; me tomaste de la mano derecha.

Me has guiado según tu consejo, y después me recibirás en gloria.

¿A quién tengo yo en los cielos sino a ti? Y fuera de ti nada deseo en la tierra.

Salmos 73.23-25

Antes bien, como está escrito: cosas que ojo no vio, ni oído oyó, ni han subido en corazón de hombre, son las que Dios ha preparado para los que le aman.

1 Corintios 2.9

Porque sabemos que si nuestra morada terrestre, este tabernáculo, se deshiciere, tenemos de Dios un edificio, una casa no hecha de manos, eterna, en los cielos.

Y por esto también gemimos, deseando ser revestidos de aquella nuestra habitación celestial

2 Corintios 5.1-2

Y juntamente con Él nos resucitó, y asimismo nos hizo sentar en los lugares celestiales con Cristo Jesús.

Para mostrar en los siglos venideros las abundantes riquezas de su gracia en su bondad para con nosotros en Cristo Jesús.

Efesios 2.6-7

Poder para Testificar

Y ahora, Señor, mira sus amenazas, y concede a tus siervos que con todo denuedo hablen tu palabra.

Y con gran poder los apóstoles daban testimonio de la resurrección del Señor Jesús, y abundante gracia era sobre todos ellos.

Hechos 4.29, 33

Así que, en cuanto a mí, pronto estoy a anunciaros el evangelio también a vosotros que estáis en Roma.

Porque no me avergüenzo del evangelio, porque es poder de Dios para salvación a todo aquel que cree; al judío primeramente, y también al griego.

Romanos 1.15-16

Vosotros sois la luz del mundo; una ciudad asentada sobre un monte no se puede esconder.

Ni se enciende una luz y se pone debajo de un almud, sino sobre el candelero, y alumbra a todos los que están en casa.

Así alumbre vuestra luz delante de los hombres, para que vean vuestras buenas obras, y glorifiquen a vuestro Padre que está en los cielos.

Mateo 5.14-16

De cierto, de cierto os digo: El que en mí cree, las obras que yo hago, Él las hará también; y aun mayores hará, porque yo voy al Padre.

Y todo lo que pidiereis al Padre en mi nombre, lo haré, para que el Padre sea glorificado en el Hijo.

Juan 14.12-13

Por lo demás, hermanos míos, fortaleceos en el Señor, y en el poder de su fuerza.

Por tanto, tomad toda la armadura de Dios, para que podáis resistir en el día malo, y habiendo acabado todo, estar firmes.

Estad, pues, firmes, ceñidos vuestros lomos con la verdad, y vestidos con la coraza de justicia.

Y calzados los pies con el apresto del evangelio de la paz.

Efesios 6.10, 13-15

Y les dijo: Id por todo el mundo y predicad el evangelio a toda criatura.

El que creyere y fuere bautizado, será salvo; mas el que no creyere, será condenado.

Y estas señales seguirán a los que creen: En mi nombre echarán fuera demonios; hablarán nuevas lenguas.

Tomarán en las manos serpientes, y si bebieren cosa mortífera, no les hará daño; sobre los enfermos pondrán sus manos, y sanarán.

Y el Señor, después que les habló, fue recibido arriba en el cielo, y se sentó a la diestra de Dios.

Y ellos, saliendo, predicaron en todas partes, ayudándoles el Señor y confirmando la palabra con las señales que la seguían. Amén.

Marcos 16.15-20

Y comieron todos, y se saciaron; y recogieron lo que les sobró, doce cestas de pedazos.

Aconteció que mientras Jesús oraba aparte, estaban con Él los discípulos; y les preguntó, diciendo: ¿Quién dice la gente que soy yo?

Ellos respondieron: Unos, Juan el Bautista; otros, Elías; y otros, que algún profeta de los antiguos ha resucitado.

Él les dijo: ¿Y vosotros, quién decís que soy? Entonces respondiendo Pedro, dijo: El Cristo de Dios.

Pero Él les mandó que a nadie dijesen esto, encargándoselo rigurosamente.

Lucas 9.17-21

Piedra de tropiezo, y roca que hace caer, porque tropiezan en la palabra, siendo desobedientes; a lo cual fueron también destinados.

Mas vosotros sois linaje escogido, real sacerdocio, nación santa, pueblo adquirido por Dios, para que anunciéis las virtudes de aquel que os llamó de las tinieblas a su luz admirable.

1 Pedro 2.8-9

Y Jesús se acercó y les habló diciendo: Toda potestad me es dada en el cielo y en la tierra.

Por tanto, id, y haced discípulos a todas las naciones, bautizándolos en el nombre del Padre, y del Hijo, y del Espíritu Santo.

Enseñándoles que guarden todas las cosas que os he mandado; y he aquí yo estoy con vosotros todos los días, hasta el fin del mundo. Amén.

Mateo 28.18-20

Victoria sobre Satanás

¡Cómo caíste del cielo, oh Lucero, hijo de la mañana! Cortado fuiste por tierra, tú que debilitabas a las naciones.

Tú que decías en tu corazón: Subiré al cielo; en lo alto, junto a las estrellas de Dios, levantaré mi trono, y en el monte del testimonio me sentaré, a los lados del norte.

Sobre las alturas de las nubes subiré, y seré semejante al Altísimo.

Mas tú derribado eres hasta el Seol, a los lados del abismo.

Isaias 14.12-15

Porque has sido mi socorro, y así en la sombra de tus alas me regocijaré.

Está mi alma apegada a ti; tu diestra me ha sostenido.

Pero los que para destrucción buscaron mi alma caerán en los sitios bajos de la tierra.

Salmos 63.7-9

Pero gracias a Dios, que aunque erais esclavos del pecado, habéis obedecido de corazón a aquella forma de doctrina a la cual fuisteis entregados.

Y libertados del pecado, vinisteis a ser siervos de la justicia.

Romanos 6.17-18

El que practica el pecado es del diablo; porque el diablo peca desde el principio. Para esto apareció el Hijo de Dios, para deshacer las obras del diablo.

Todo aquel que es nacido de Dios, no practica el pecado, porque la simiente de Dios permanece en él; y no puede pecar, porque es nacido de Dios.

1 Juan 3.8-9

Dijo entonces Jesús a los judíos que habían creído en Él: Si vosotros permaneciereis en mi palabra, seréis verdaderamente mis discípulos.

Y conoceréis la verdad, y la verdad os hará libres.

Le respondieron: Linaje de Abraham somos, y jamás hemos sido esclavos de nadie. ¿Cómo dices tú: Seréis libres?

Jesús les respondió: De cierto, de cierto os digo, que todo aquel que hace pecado, esclavo es del pecado.

Y el esclavo no queda en la casa para siempre; el hijo sí queda para siempre.

Así que, si el Hijo os libertare, seréis verdaderamente libres.

Juan 8.31-36

Y el Dios de paz aplastará en breve a Satanás bajo vuestros pies. La gracia de nuestro Señor Jesucristo sea con vosotros.

Romanos 16.20

Haya, pues, en vosotros este sentir que hubo también en Cristo Jesús.

El cual, siendo en forma de Dios, no estimó el ser igual a Dios como cosa a que aferrarse.

Sino que se despojó a sí mismo, tomando forma de siervo, hecho semejante a los hombres

Y estando en la condición de hombre, se humilló a sí mismo, haciéndose obediente hasta la muerte, y muerte de cruz.

Por lo cual Dios también le exaltó hasta lo sumo, y le dio un nombre que es sobre todo nombre.

Para que en el nombre de Jesús se doble toda rodilla de los que están en los cielos, y en la tierra, y debajo de la tierra

Y toda lengua confiese que Jesucristo es el Señor, para gloria de Dios Padre.

Filipenses 2.5-11

Por lo demás, hermanos míos, fortaleceos en el Señor, y en el poder de su fuerza.

Vestíos de toda la armadura de Dios, para que podáis estar firmes contra las asechanzas del diablo.

Porque no tenemos lucha contra sangre y carne, sino contra principados, contra potestades, contra los gobernadores de las tinieblas de este siglo, contra huestes espirituales de maldad en las regiones celestes.

Por tanto, tomad toda la armadura de Dios, para que podáis resistir en el día malo, y habiendo acabado todo, estar firmes.

Efesios 6.10-13

DIOS
RETA
A SU
FAMILIA

Que sea solamente de Él

Bienaventurada la nación cuyo Dios es Jehová, el pueblo que Él escogió como heredad para sí.

Salmos 33.12

Si temiereis a Jehová y le sirviereis, y oyereis su voz, y no fuereis rebeldes a la palabra de Jehová, y si tanto vosotros como el rey que reina sobre vosotros servís a Jehová vuestro Dios, haréis bien.

Mas si no oyereis la voz de Jehová, y si fuereis rebeldes a las palabras de Jehová, la mano de Jehová estará contra vosotros como estuvo contra vuestros padres.

1 Samuel 12.14, 15

Venid, adoremos y postrémonos; arrodillémonos delante de Jehová nuestro Hacedor.

Porque Él es nuestro Dios; nosotros el pueblo de su prado, y ovejas de su mano.

Salmos 95.6, 7a

Dios, Dios mío eres tú; de madrugada te buscaré; mi alma tiene sed de ti, mi carne te anhela, en tierra seca y árida donde no hay aguas.

Para ver tu poder y tu gloria, así como te he mirado en el santuario.

Porque mejor es tu misericordia que la vida; mis labios te alabarán.

Así te bendeciré en mi vida; en tu nombre alzaré mis manos.

Salmos 63.1-4

La maldición de Jehová está en la casa del impío, pero bendecirá la morada de los justos.

Proverbios 3.33

Jehová Dios nuestro, otros señores fuera de ti se han enseñoreado de nosotros; pero en ti solamente nos acordaremos de tu nombre.

Muertos son, no vivirán; han fallecido, no resucitarán; porque los castigaste, y destruiste y deshiciste todo su recuerdo.

Isaías 26.13, 14

Hijo mío, si los pecadores te quisieren engañar, no consientas.

Si dijeren: Ven con nosotros; pongamos asechanzas para derramar sangre, acechemos sin motivo al inocente.

Los tragaremos vivos como el Seol, y enteros, como los que caen en un abismo.

Hallaremos riquezas de toda clase, llenaremos nuestras casas de despojos.

Echa tu suerte entre nosotros; tengamos todos una bolsa.

Hijo mío, no andes en camino con ellos. Aparta tu pie de sus veredas.

Proverbios 1.10-15

Este dirá: Yo soy de Jehová; el otro se llamará del nombre de Jacob, y otro escribirá con su mano: A Jehová, y se apellidará con el nombre de Israel.

Así dice Jehová Rey de Israel, y su Redentor, Jehová de los ejércitos: Yo soy el primero, y yo soy el postrero, y fuera de mí no hay Dios.

Isaías 44.5, 6

Reconoced que Jehová es Dios; Él nos hizo, y no nosotros a nosotros mismos; pueblo suyo somos, y ovejas de su prado.

Salmos 100.3

El que no es conmigo, contra mí es; y el que conmigo no recoge, desparrama.

Mateo 12.30

Dijo entonces Jesús a los judíos que habían creído en Él: Si vosotros permaneciereis en mi palabra, seréis verdaderamente mis discípulos.

Y conoceréis la verdad, y la verdad os hará libres.

Juan 8.31, 32

Pablo, siervo de Jesucristo, llamado a ser apóstol, apartado para el evangelio de Dios.

Que él había prometido antes por sus profetas en las santas Escrituras.

Acerca de su Hijo, nuestro Señor Jesucristo, que era del linaje de David según la carne.

Que fue declarado Hijo de Dios con poder, según el Espíritu de santidad, por la resurrección de entre los muertos.

Y por quien recibimos la gracia y el apostolado, para la obediencia a la fe en todas las naciones por amor de su nombre.

Entre las cuales estáis también vosotros, llamados a ser de Jesucristo.

Romanos 1.1-6

Sepa, pues, ciertísimamente toda la casa de Israel, que a este Jesús a quien vosotros crucificasteis, Dios le ha hecho Señor y Cristo.

Hechos 2.36

Sabiendo que Cristo, habiendo resucitado de los muertos, ya no muere; la muerte no se enseñorea más de Él.

Porque en cuanto murió, al pecado murió una vez por todas; mas en cuanto vive, para Dios vive.

Así también vosotros consideraos muertos al pecado, pero vivos para Dios en Cristo Jesús, Señor nuestro.

No reine, pues, el pecado en vuestro cuerpo mortal, de modo que lo obedezcáis en sus concupiscencias.

Ni tampoco presentéis vuestros miembros al pecado como instrumentos de iniquidad, sino presentaos vosotros mismos a Dios como vivos de entre los muertos, y vuestros miembros a Dios como instrumentos de justicia.

Porque el pecado no se enseñoreará de vosotros; pues no estáis bajo la ley, sino bajo la gracia.

¿Qué, pues? ¿Pecaremos, porque no estamos bajo la ley, sino bajo la gracia? En ninguna manera.

¿No sabéis que si os sometéis a alguien como esclavos para obedecerle, sois esclavos de aquel a quien obedecéis, sea del pecado para muerte, o sea de la obediencia para justicia?

Romanos 6.9-16

Que viva en Armonía

Jehová, tú nos darás paz, porque también hiciste en nosotros todas nuestras obras.

Isaías 26.12

Pues si yo, el Señor y el Maestro, he lavado vuestros pies, vosotros también debéis lavaros los pies los unos a los otros.

Porque ejemplo os he dado, para que como yo os he hecho, vosotros también hagáis.

Si sabéis estas cosas, bienaventurados seréis si las hiciereis.

Juan 13.14, 15, 17

Pero ahora en Cristo Jesús, vosotros que en otro tiempo estabais lejos, habéis sido hechos cercanos por la sangre de Cristo.

Porque Él es nuestra paz, que de ambos pueblos hizo uno, derribando la pared intermedia de separación.

Aboliendo en su carne las enemistades, la ley de los mandamientos expresados en ordenanzas, para crear en sí mismo de los dos un solo y nuevo hombre, haciendo la paz.

Y mediante la cruz reconciliar con Dios a ambos en un solo cuerpo, matando en ella las enemistades.

Y vino y anunció las buenas nuevas de paz a vosotros que estabais lejos, y a los que estaban cerca.

Porque por medio de Él los unos y los otros tenemos entrada por un mismo Espíritu al Padre.

Así que ya no sois extranjeros ni advenedizos, sino conciudadanos de los santos, y miembros de la familia de Dios.

Efesios 2.13-19

Antes sed benignos unos con otros, misericordiosos, perdonándoos unos a otros, como Dios también os perdonó a vosotros en Cristo.

Efesios 4.32

Además, el cuerpo no es un solo miembro, sino muchos.

Si dijere el pie: Porque no soy mano, no soy del cuerpo, ¿por eso no será del cuerpo?

Y si dijere la oreja: Porque no soy ojo, no soy del cuerpo, ¿por eso no será del cuerpo?

Si todo el cuerpo fuese ojo, ¿dónde estaría el oído? Si todo fuese oído, ¿dónde estaría el olfato?

Mas ahora Dios ha colocado los miembros cada uno de ellos en el cuerpo, como Él quiso.

1 Corintios 12.14-18

Y les decía una parábola: ¿Acaso puede un ciego guiar a otro ciego? ¿No caerán ambos en el hoyo?

El discípulo no es superior a su maestro; mas todo el que fuere perfeccionado, será como su maestro.

¿Por qué miras la paja que está en el ojo de tu hermano, y no echas de ver la viga que está en tu propio ojo?

¿O cómo puedes decir a tu hermano: Hermano, déjame sacar la paja que está en tu ojo, no mirando tú la viga que está en el ojo tuyo? Hipócrita, saca primero la viga de tu propio ojo, y entonces verás bien para sacar la paja que está en el ojo de tu hermano.

No es buen árbol el que da malos frutos, ni árbol malo el que da buen fruto.

Porque cada árbol se conoce por su fruto.

Lucas 6.39-44a

Pero tú, ¿por qué juzgas a tu hermano? O tú también, ¿por qué menosprecias a tu hermano? Porque todos compareceremos ante el tribunal de Cristo.

Porque escrito está: Vivo yo, dice el Señor, que ante mí se doblará toda rodilla, y toda lengua confesará a Dios.

De manera que cada uno de nosotros dará a Dios cuenta de sí.

Así que, ya no nos juzguemos más los unos a los otros, sino más bien decidid no poner tropiezo u ocasión de caer al hermano.

Romanos 14.10-13

Mejor es lo poco con el temor de Jehová, que el gran tesoro donde hay turbación.

Mejor es la comida de legumbres donde hay amor, que de buey engordado donde hay odio.

El hombre iracundo promueve contiendas; mas el que tarda en airarse apacigua la rencilla.

Proverbios 15.16-18

Vestíos, pues, como escogidos de Dios, santos y amados, de entrañable misericordia, de benignidad, de humildad, de mansedumbre, de paciencia.

Soportándoos unos a otros, y perdonándoos unos a otros si alguno tuviere queja contra otro. De la manera que Cristo os perdonó, así también hacedlo vosotros.

Y sobre todas estas cosas vestíos de amor, que es el vínculo perfecto.

Y la paz de Dios gobierne en vuestros corazones, a la que asimismo fuisteis llamados en un solo cuerpo; y sed agradecidos.

Colosenses 3.12-15

Haced todo sin murmuraciones y contiendas.

Para que seáis irreprensibles y sencillos, hijos de Dios sin mancha en medio de una generación maligna y perversa, en medio de la cual resplandecéis como luminares en el mundo.

Filipenses 2.14, 15

Yo pues, preso en el Señor, os ruego que andéis como es digno de la vocación con que fuisteis llamados.

Con toda humildad y mansedumbre, soportándoos con paciencia los unos a los otros en amor.

Solícitos en guardar la unidad del Espíritu en el vínculo de la paz.

Un cuerpo, y un Espíritu, como fuisteis también llamados en una misma esperanza de vuestra vocación.

Un Señor, una fe, un bautismo.

Un Dios y Padre de todos, el cual es sobre todos, y por todos, y en todos.

Efesios 4.1-6

Que sea financieramente sabio

No os hagáis tesoros en la tierra, donde la polilla y el orín corrompen, y donde ladrones minan y hurtan.

Sino haceos tesoros en el cielo, donde ni la polilla ni el orín corrompen, y donde ladrones no minan ni hurtan.

Porque donde esté vuestro tesoro, allí estará también vuestro corazón.

Mateo 6.19-21

El que es fiel en lo muy poco, también en lo más es fiel; y el que en lo muy poco es injusto, también en lo más es injusto.

Pues si en las riquezas injustas no fuisteis fieles, ¿quién os confiará lo verdadero?

Y si en lo ajeno no fuisteis fieles, ¿quién os dará lo que es vuestro?

Ningún siervo puede servir a dos señores; porque o aborrecerá al uno y amará al otro, o estimará al uno y menospreciará al otro. No podéis servir a Dios y a las riquezas.

Lucas 16.10-13

Entonces Jesús, mirándole, le amó, y le dijo: Una cosa te falta: anda, vende todo lo que tienes, y dalo a los pobres, y tendrás tesoro en el cielo; y ven, sígueme, tomando tu cruz.

Pero él, afligido por esta palabra, se fue triste, porque tenía muchas posesiones.

Entonces Jesús, mirando alrededor, dijo a sus discípulos: ¡Cuán difícilmente entrarán en el reino de Dios los que tienen riquezas!

Los discípulos se asombraron de sus palabras; pero Jesús, respondiendo, volvió a decirles: Hijos, ¡cuán difícil les es entrar en el reino de Dios, a los que confían en las riquezas!

Más fácil es pasar un camello por el ojo de una aguja, que entrar un rico en el reino de Dios.

Ellos se asombraban aun más, diciendo entre sí: ¿Quién, pues, podrá ser salvo?

Entonces Jesús, mirándolos, dijo: Para los hombres es imposible, mas para Dios, no; porque todas las cosas son posibles para Dios.

Marcos 10.21-27

De más estima es el buen nombre que las muchas riquezas, y la buena fama más que la plata y el oro.

El rico y el pobre se encuentran; a ambos los hizo Jehová.

El avisado ve el mal y se esconde; mas los simples pasan y reciben el daño.

Riquezas, honra y vida son la remuneración de la humildad y del temor de Jehová.

Proverbios 22.1-4

El impío toma prestado, y no paga; mas el justo tiene misericordia, y da.

Joven fui, y he envejecido, y no he visto justo desamparado, ni su descendencia que mendigue pan.

En todo tiempo tiene misericordia, y presta; y su descendencia es para bendición.

Salmos 37.21, 25, 26

Mas la que en verdad es viuda y ha quedado sola, espera en Dios, y es diligente en súplicas y oraciones noche y día.

Porque si alguno no provee para los suyos, y mayormente para los de su casa, ha negado la fe, y es peor que un incrédulo.

1 Timoteo 5.5, 8

Trabajad, no por la comida que perece, sino por la comida que a vida eterna permanece, la cual el Hijo del Hombre os dará; porque a éste señaló Dios el Padre.

Juan 6.27

Porque nada hemos traído a este mundo, y sin duda nada podremos sacar.

Así que, teniendo sustento y abrigo, estemos contentos con esto.

Porque los que quieren enriquecerse caen en tentación y lazo, y en muchas codicias necias y dañosas, que hunden a los hombres en destrucción y perdición.

Porque raíz de todos los males es el amor al dinero, el cual codiciando algunos, se extraviaron de la fe, y fueron traspasados de muchos dolores.

1 Timoteo 6.7-10

Que espere su Venida

Esperé yo a Jehová, esperó mi alma; en su palabra he esperado.

Mi alma espera a Jehová más que los centinelas a la mañana, más que los vigilantes a la mañana.

Salmos 130.5, 6

Ciertamente volverán los redimidos de Jehová; volverán a Sion cantando, y gozo perpetuo habrá sobre sus cabezas; tendrán gozo y alegría, y el dolor y el gemido huirán.

Yo, yo soy vuestro consolador. ¿Quién eres tú para que tengas temor del hombre, que es mortal, y del hijo de hombre, que es como heno?

Y ya te has olvidado de Jehová tu Hacedor, que extendió los cielos y fundó la tierra; y todo el día temiste continuamente del furor del que aflige, cuando se disponía para destruir. ¿Pero en dónde está el furor del que aflige?

El preso agobiado será libertado pronto; no morirá en la mazmorra, ni le faltará su pan.

Porque yo Jehová, que agito el mar y hago rugir sus ondas, soy tu Dios, cuyo nombre es Jehová de los ejércitos.

Isaías 51.11-15

Por tanto, nosotros también, teniendo en derredor nuestro tan grande nube de testigos, despojémonos de todo peso y del pecado que nos asedia, y corramos con paciencia la carrera que tenemos por delante.

Puestos los ojos en Jesús, el autor y consumador de la fe, el cual por el gozo puesto delante de Él sufrió la cruz, menospreciando el oprobio, y se sentó a la diestra del trono de Dios.

Hebreos 12.1, 2

Levántate, resplandece; porque ha venido tu luz, y la gloria de Jehová ha nacido sobre ti.

Porque he aquí que tinieblas cubrirán la tierra, y oscuridad las naciones; mas sobre ti amanecerá Jehová, y sobre ti será vista su gloria.

Y andarán las naciones a tu luz, y los reyes al resplandor de tu nacimiento.

Alza tus ojos alrededor y mira, todos éstos se han juntado, vinieron a ti; tus hijos vendrán de lejos, y tus hijas serán llevadas en brazos.

Isaías 60.1-4

Descenderá como la lluvia sobre la hierba cortada; como el rocío que destila sobre la tierra.

Florecerá en sus días justicia, y muchedumbre de paz, hasta que no haya luna.

Dominará de mar a mar, y desde el río hasta los confines de la tierra.

Ante Él se postrarán los moradores del desierto, y sus enemigos lamerán el polvo.

Salmos 72.6-9

Y aconteció que bendiciéndolos, se separó de ellos, y fue llevado arriba al cielo.

Ellos, después de haberle adorado, volvieron a Jerusalén con gran gozo.

Lucas 24.51, 52

Entonces el reino de los cielos será semejante a diez vírgenes que tomando sus lámparas, salieron a recibir al esposo.

Cinco de ellas eran prudentes y cinco insensatas.

Las insensatas, tomando sus lámparas, no tomaron consigo aceite.

Mas las prudentes tomaron aceite en sus vasijas, juntamente con sus lámparas.

Y tardándose el esposo, cabecearon todas y se durmieron.

Y a la medianoche se oyó un clamor: ¡Aquí viene el esposo; salid a recibirle!

Entonces todas aquellas vírgenes se levantaron, y arreglaron sus lámparas.

Y las insensatas dijeron a las prudentes: Dadnos de vuestro aceite; porque nuestras lámparas se apagan.

Mas las prudentes respondieron diciendo: Para que no nos falte a nosotras y a vosotras, id más bien a los que venden, y comprad para vosotras mismas.

Pero mientras ellas iban a comprar, vino el esposo; y las que estaban preparadas entraron con él a las bodas; y se cerró la puerta.

Después vinieron también las otras vírgenes, diciendo: ¡Señor, señor, ábrenos!

Mas Él, respondiendo, dijo: De cierto os digo, que no os conozco.

Velad, pues, porque no sabéis el día ni la hora en que el Hijo del Hombre ha de venir.

Mateo 25.1-13

Que espere sus Respuestas

Nuestra alma espera a Jehová; nuestra ayuda y nuestro escudo es Él.

Por tanto, en Él se alegrará nuestro corazón, porque en su santo nombre hemos confiado.

Sea tu misericordia, oh Jehová, sobre nosotros, según esperamos en ti.

Salmos 33.20-22

Tú eres mi refugio; me guardarás de la angustia; con cánticos de liberación me rodearás. *Selah*

Te haré entender, y te enseñaré el camino en que debes andar; sobre ti fijaré mis ojos.

No seáis como el caballo, o como el mulo, sin entendimiento, que han de ser sujetados con cabestro y con freno, porque si no, no se acercan a ti.

Muchos dolores habrá para el impío; mas al que espera en Jehová, le rodea la misericordia.

Alegraos en Jehová y gozaos, justos; y cantad con júbilo todos vosotros los rectos de corazón.

Salmos 32.7-11

Deléitate asimismo en Jehová, y Él te concederá las peticiones de tu corazón.

Encomienda a Jehová tu camino, y confía en Él; y Él hará.

Exhibirá tu justicia como la luz, y tu derecho como el mediodía.

Guarda silencio ante Jehová, y espera en Él. No te alteres con motivo del que prospera en su camino, por el hombre que hace maldades.

Espera en Jehová, y guarda su camino, y Él te exaltará para heredar la tierra; cuando sean destruidos los pecadores, lo verás.

Salmos 37.4-7, 34

Fíate de Jehová de todo tu corazón, y no te apoyes en tu propia prudencia.

Reconócelo en todos tus caminos, y Él enderezará tus veredas.

Proverbios 3.5, 6

Ciertamente el pueblo morará en Sion, en Jerusalén; nunca más llorarás; el que tiene misericordia se apiadará de ti; al oír la voz de tu clamor te responderá.

Isaías 30.19

Pacientemente esperé a Jehová, y se inclinó a mí, y oyó mi clamor.

Y me hizo sacar del pozo de la desesperación, del lodo cenagoso; puso mis pies sobre peña, y enderezó mis pasos.

Puso luego en mi boca cántico nuevo, alabanza a nuestro Dios. Verán esto muchos, y temerán, y confiarán en Jehová.

Salmos 40.1-3

Porque en el evangelio la justicia de Dios se revela por fe y para fe, como está escrito: Mas el justo por la fe vivirá.

Romanos 1.17

En aquel mismo tiempo el rey Herodes echó mano a algunos de la iglesia para maltratarles.

Y mató a espada a Jacobo, hermano de Juan.

Y viendo que esto había agradado a los judíos, procedió a prender también a Pedro. Eran entonces los días de los panes sin levadura.

Así que Pedro estaba custodiado en la cárcel; pero la iglesia hacía sin cesar oración a Dios por él.

Y cuando Herodes le iba a sacar, aquella misma noche estaba Pedro durmiendo entre dos soldados, sujeto con dos cadenas, y los guardas delante de la puerta custodiaban la cárcel.

Y he aquí que se presentó un ángel del Señor, y una luz resplandeció en la cárcel; y tocando a Pedro en el costado, le despertó, diciendo: Levántate pronto. Y las cadenas se le cayeron de las manos.

Entonces Pedro, volviendo en sí, dijo: Ahora entiendo verdaderamente que el Señor ha enviado su ángel, y me ha librado de la mano de Herodes, y de todo lo que el pueblo de los judíos esperaba.

Hechos 12.1-3, 5-7, 11

No es buen árbol el que da malos frutos, ni árbol malo el que da buen fruto.

Porque cada árbol se conoce por su fruto; pues no se cosechan higos de los espinos, ni de las zarzas se vendimian uvas.

El hombre bueno, del buen tesoro de su corazón saca lo bueno; y el hombre malo, del mal tesoro de su corazón saca lo malo; porque de la abundancia del corazón habla la boca.

Lucas 6.43-45

Pero los que esperan a Jehová tendrán nuevas fuerzas; levantarán alas como las águilas; correrán, y no se cansarán; caminarán, y no se fatigarán.

Isaías 40.31

Que busque la voluntad de Él

¿Por qué me llamáis, Señor, Señor, y no hacéis lo que yo digo?

Todo aquel que viene a mí, y oye mis palabras y las hace, os indicaré a quién es semejante.

Semejante es al hombre que al edificar una casa, cavó y ahondó y puso el fundamento sobre la roca; y cuando vino una inundación, el río dio con ímpetu contra aquella casa, pero no la pudo mover, porque estaba fundada sobre la roca.

Mas el que oyó y no hizo, semejante es al hombre que edificó su casa sobre tierra, sin fundamento; contra la cual el río dio con ímpetu, y luego cayó, y fue grande la ruina de aquella casa.

Lucas 6.46-49

Yo soy la vid verdadera, y mi Padre es el labrador.

Todo pámpano que en mí no lleva fruto, lo quitará; y todo aquel que lleva fruto, lo limpiará, para que lleve más fruto.

Ya vosotros estáis limpios por la palabra que os he hablado.

Permaneced en mí, y yo en vosotros. Como el pámpano no puede llevar fruto por sí mismo, si no permanece en la vid, así tampoco vosotros, si no permanecéis en mí.

Yo soy la vid, vosotros los pámpanos; el que permanece en mí, y yo en él, éste lleva mucho fruto; porque separados de mí nada podéis hacer.

Juan 15.1-5

Hizo salir a su pueblo como ovejas, y los llevó por el desierto como un rebaño.

Los guió con seguridad, de modo que no tuvieran temor; y el mar cubrió a sus enemigos.

Los trajo después a las fronteras de su tierra santa, a este monte que ganó su mano derecha.

Salmos 78.52-54

Primeramente doy gracias a mi Dios mediante Jesucristo con respecto a todos vosotros, de que vuestra fe se divulga por todo el mundo.

Porque testigo me es Dios, a quien sirvo en mi espíritu en el evangelio de su Hijo, de que sin cesar hago mención de vosotros siempre en mis oraciones.

Rogando que de alguna manera tenga al fin, por la voluntad de Dios, un próspero viaje para ir a vosotros.

Romanos 1.8-10

Exaltad a Jehová nuestro Dios, y postraos ante el estrado de sus pies; Él es santo.

Moisés y Aarón entre sus sacerdotes, y Samuel entre los que invocaron su nombre; invocaban a Jehová, y Él les respondía.

Salmos 99.5, 6

Mas la misericordia de Jehová es desde la eternidad y hasta la eternidad sobre los que le temen, y su justicia sobre los hijos de los hijos.

Sobre los que guardan su pacto, y los que se acuerdan de sus mandamientos para ponerlos por obra.

Salmos 103.17, 18

Así que, hermanos, os ruego por las misericordias de Dios, que presentéis vuestros cuerpos en sacrificio vivo, santo, agradable a Dios, que es vuestro culto racional.

No os conforméis a este siglo, sino transformaos por medio de la renovación de vuestro entendimiento, para que comprobéis cuál sea la buena voluntad de Dios, agradable y perfecta.

Romanos 12.1, 2

Me has guiado según tu consejo, y después me recibirás en gloria.

¿A quién tengo yo en los cielos sino a ti? Y fuera de ti nada deseo en la tierra.

Mi carne y mi corazón desfallecen; mas la roca de mi corazón y mi porción es Dios para siempre.

Salmos 73.24-26

Si clamares a la inteligencia, y a la prudencia dieres tu voz.

Si como a la plata la buscares, y la escudriñares como a tesoros.

Entonces entenderás el temor de Jehová, y hallarás el conocimiento de Dios.

Proverbios 2.3-5

Con todo mi corazón te he buscado; no me dejes desviarme de tus mandamientos.

En mi corazón he guardado tus dichos, para no pecar contra ti.

Salmos 119.10-11

Tomad consejo, y será anulado; proferid palabra, y no será firme, porque Dios está con nosotros.

Porque Jehová me dijo de esta manera con mano fuerte, y me enseñó que no caminase por el camino de este pueblo.

Isaías 8.10, 11a

Pedís, y no recibís, porque pedís mal, para gastar en vuestros deleites.

¿O pensáis que la Escritura dice en vano: El Espíritu que Él ha hecho morar en nosotros nos anhela celosamente?

Pero Él da mayor gracia. Por esto dice: Dios resiste a los soberbios, y da gracia a los humildes.

Someteos, pues, a Dios; resistid al diablo, y huirá de vosotros.

Acercaos a Dios, y Él se acercará a vosotros. Pecadores, limpiad las manos; y vosotros los de doble ánimo, purificad vuestros corazones.

Santiago 4.3, 5-8

Por tanto, amados míos, como siempre habéis obedecido, no como en mi presencia solamente, sino mucho más ahora en mi ausencia, ocupaos en vuestra salvación con temor y temblor.

Porque Dios es el que en vosotros produce así el querer como el hacer, por su buena voluntad.

Haced todo sin murmuraciones y contiendas.

Para que seáis irreprensibles y sencillos, hijos de Dios sin mancha en medio de una generación maligna y perversa, en medio de la cual resplandecéis como luminares en el mundo.

Asidos de la palabra de vida, para que en el día de Cristo yo pueda gloriarme de que no he corrido en vano, ni en vano he trabajado.

Filipenses 2.12-16

Que honre el día de Reposo

Este es el día que hizo Jehová; nos gozaremos y alegraremos en Él.

Salmos 118.24

Acuérdate del día de reposo para santificarlo.

Seis días trabajarás, y harás toda tu obra.

Mas el séptimo día es reposo para Jehová tu Dios; no hagas en él obra alguna, tú, ni tu hijo, ni tu hija, ni tu siervo, ni tu criada, ni tu bestia, ni tu extranjero que está dentro de tus puertas.

Porque en seis días hizo Jehová los cielos y la tierra, el mar, y todas las cosas que en ellos hay, y reposó en el séptimo día; por tanto, Jehová bendijo el día de reposo y lo santificó.

Éxodo 20.8-11

Yo me alegré con los que me decían: a la casa de Jehová iremos.

Salmos 122.1

Alaben la misericordia de Jehová, y sus maravillas para con los hijos de los hombres.

Exáltenlo en la congregación del pueblo, y en la reunión de ancianos lo alaben.

Salmos 107.31, 32

Si retrajeres del día de reposo tu pie, de hacer tu voluntad en mi día santo, y lo llamares delicia, santo, glorioso de Jehová; y lo venerares, no andando en tus propios caminos, ni buscando tu voluntad, ni hablando tus propias palabras.

Entonces te deleitarás en Jehová; y yo te haré subir sobre las alturas de la tierra, y te daré a comer la heredad de Jacob tu padre; porque la boca de Jehová lo ha hablado.

Isaías 58.13, 14

En aquel tiempo iba Jesús por los sembrados en un día de reposo; y sus discípulos tuvieron hambre, y comenzaron a arrancar espigas y a comer.

Viéndolo los fariseos, le dijeron: He aquí tus discípulos hacen lo que no es lícito hacer en el día de reposo.

Porque el Hijo del Hombre es Señor del día de reposo.

Pasando de allí, vino a la sinagoga de ellos.

Y he aquí había allí uno que tenía seca una mano; y preguntaron a Jesús, para poder acusarle: ¿Es lícito sanar en el día de reposo?

Él les dijo: ¿Qué hombre habrá de vosotros, que tenga una oveja, y si ésta cayere en un hoyo en día de reposo, no le eche mano, y la levante?

Pues ¿cuánto más vale un hombre que una oveja? Por consiguiente, es lícito hacer el bien en los días de reposo.

Mateo 12.1, 2, 8-12

¿Tú quién eres, que juzgas al criado ajeno? Para su propio señor está en pie, o cae; pero estará firme, porque poderoso es el Señor para hacerle estar firme.

Uno hace diferencia entre día y día; otro juzga iguales todos los días. Cada uno esté plenamente convencido en su propia mente.

El que hace caso del día, lo hace para el Señor; y el que no hace caso del día, para el Señor no lo hace. El que come, para el Señor come, porque da gracias a Dios; y el que no come, para el Señor no come, y da gracias a Dios.

Romanos 14.4-6

Que le de su Porción

Tributad a Jehová, oh hijos de los poderosos, dad a Jehová la gloria y el poder.

Dad a Jehová la gloria debida a su nombre; adorad a Jehová en la hermosura de la santidad.

Salmos 29.1, 2

Dad a Jehová la honra debida a su nombre; traed ofrendas, y venid a sus atrios.

Adorad a Jehová en la hermosura de la santidad; temed delante de Él, toda la tierra.

Salmos 96.8, 9

Esto es lo que ofrecerás sobre el altar: dos corderos de un año cada día, continuamente.

Esto será el holocausto continuo por vuestras generaciones, a la puerta del tabernáculo de reunión, delante de Jehová, en el cual me reuniré con vosotros, para hablaros allí.

Y santificaré el tabernáculo de reunión y el altar; santificaré asimismo a Aarón y a sus hijos, para que sean mis sacerdotes.

Y conocerán que yo soy Jehová su Dios, que los saqué de la tierra de Egipto, para habitar en medio de ellos. Yo Jehová su Dios.

Éxodo 29.38, 42, 44, 46

Y aconteció andando el tiempo, que Caín trajo del fruto de la tierra una ofrenda a Jehová.

Y Abel trajo también de los primogénitos de sus ovejas, de lo más gordo de ellas. Y miró Jehová con agrado a Abel y a su ofrenda.

Pero no miró con agrado a Caín y a la ofrenda suya. Y se ensañó Caín en gran manera, y decayó su semblante.

Entonces Jehová dijo a Caín: ¿Por qué te has ensañado, y por qué ha decaído tu semblante?

Si bien hicieres, ¿no serás enaltecido?

Génesis 4.3-7a

Y Saúl respondió a Samuel: Antes bien he obedecido la voz de Jehová, y fui a la misión que Jehová me envió, y he traído a Agag rey de Amalec, y he destruido a los amalecitas.

Mas el pueblo tomó del botín ovejas y vacas, las primicias del anatema, para ofrecer sacrificios a Jehová tu Dios en Gilgal.

Y Samuel dijo: ¿Se complace Jehová tanto en los holocaustos y víctimas, como en que se obedezca a las palabras de Jehová? Ciertamente el obedecer es mejor que los sacrificios, y el prestar atención que la grosura de los carneros.

1 Samuel 15.20-22

¿Qué pagaré a Jehová por todos sus beneficios para conmigo?

Tomaré la copa de la salvación, e invocaré el nombre de Jehová.

Ahora pagaré mis votos a Jehová delante de todo su pueblo.

Salmos 116.12-14

Alaben la misericordia de Jehová, y sus maravillas para con los hijos de los hombres.

Ofrezcan sacrificios de alabanza, y publiquen sus obras con júbilo.

Salmos 107.21, 22

DIOS GUARDA A SU FAMILIA

Cuando se enfrenta con una Crisis

Jehová, escucha mi oración, y llegue a ti mi clamor.

No escondas de mí tu rostro en el día de mi angustia; inclina a mí tu oído; apresúrate a responderme el día que te invocare.

Porque mis días se han consumido como humo, y mis huesos cual tizón están quemados.

Mi corazón está herido, y seco como la hierba, por lo cual me olvido de comer mi pan.

Mas tú, Jehová, permanecerás para siempre, y tu memoria de generación en generación.

Te levantarás y tendrás misericordia de Sion, porque es tiempo de tener misericordia de ella, porque el plazo ha llegado.

Salmos 102.1-4, 12, 13

Desde la angustia invoqué a JAH, y me respondió JAH, poniéndome en lugar espacioso.

Jehová está conmigo; no temeré lo que me pueda hacer el hombre.

Salmos 118.5, 6

Mi carne y mi corazón desfallecen; mas la roca de mi corazón y mi porción es Dios para siempre.

Pero en cuanto a mí, el acercarme a Dios es el bien; he puesto en Jehová el Señor mi esperanza, para contar todas tus obras.

Salmos 73.26, 28

Oye, oh Dios, mi clamor; a mi oración atiende.

Desde el cabo de la tierra clamaré a ti, cuando mi corazón desmayare. Llévame a la roca que es más alta que yo, porque tú has sido mi refugio, y torre fuerte delante del enemigo.

Salmos 61.1-3

Pedid, y se os dará; buscad, y hallaréis; llamad, y se os abrirá.

Porque todo aquel que pide, recibe; y el que busca, halla; y al que llama, se le abrirá.

Mateo 7.7, 8

De cierto, de cierto os digo: El que en mí cree, las obras que yo hago, él las hará también; y aun mayores hará, porque yo voy al Padre.

Y todo lo que pidiereis al Padre en mi nombre, lo haré, para que el Padre sea glorificado en el Hijo.

Si algo pidiereis en mi nombre, yo lo haré.

Juan 14.12-14

Cercano está Jehová a todos los que le invocan, a todos los que le invocan de veras.

Cumplirá el deseo de los que le temen; oirá asimismo el clamor de ellos, y los salvará.

Jehová guarda a todos los que le aman, mas destruirá a todos los impíos.

Salmos 145.18-20a

Porque has puesto a Jehová, que es mi esperanza, al Altísimo por tu habitación.

No te sobrevendrá mal, ni plaga tocará tu morada.

Pues a sus ángeles mandará acerca de ti, que te guarden en todos tus caminos.

Salmos 91.9-11

Cuando tiene Duda

Para siempre, oh Jehová, permanece tu palabra en los cielos.

De generación en generación es tu fidelidad; tú afirmaste la tierra, y subsiste.

Salmos 119.89, 90

Yo iré delante de ti, y enderezaré los lugares torcidos; quebrantaré puertas de bronce, y cerrojos de hierro haré pedazos.

Y te daré los tesoros escondidos, y los secretos muy guardados, para que sepas que yo soy Jehová, el Dios de Israel, que te pongo nombre.

Por amor de mi siervo Jacob, y de Israel mi escogido, te llamé por tu nombre; te puse sobrenombre, aunque no me conociste.

Yo soy Jehová, y ninguno más hay; no hay Dios fuera de mí. Yo te ceñiré, aunque tú no me conociste.

Para que se sepa desde el nacimiento del sol, y hasta donde se pone, que no hay más que yo; yo Jehová, y ninguno más que yo.

Isaías 45.2-6

No dará tu pie al resbaladero, ni se dormirá el que te guarda.

He aquí, no se adormecerá ni dormirá el que guarda a Israel.

Jehová es tu guardador; Jehová es tu sombra a tu mano derecha.

El sol no te fatigará de día, ni la luna de noche.

Jehová te guardará de todo mal; el guardará tu alma.

Salmos 121.3-7

Llegue mi clamor delante de ti, oh Jehová; dame entendimiento conforme a tu palabra.

Llegue mi oración delante de ti; líbrame conforme a tu dicho.

Salmos 119.169, 170

Porque Jehová el Señor me ayudará, por tanto no me avergoncé; por eso puse mi rostro como un pedernal, y sé que no seré avergonzado.

Isaías 50.7

No se turbe vuestro corazón; creéis en Dios, creed también en mí.

Juan 14.1

La paz os dejo, mi paz os doy; yo no os la doy como el mundo la da. No se turbe vuestro corazón, ni tenga miedo.

Y ahora os lo he dicho antes que suceda, para que cuando suceda, creáis.

Juan 14.27, 29

Dijeron los apóstoles al Señor: Auméntanos la fe.

Entonces el Señor dijo: Si tuvierais fe como un grano de mostaza, podríais decir a este sicómoro: Desarráigate, y plántate en el mar; y os obedecería.

Lucas 17.5, 6

Porque no me avergüenzo del evangelio, porque es poder de Dios para salvación a todo aquel que cree; al judío primeramente, y también al griego.

Porque en el evangelio la justicia de Dios se revela por fe y para fe, como está escrito: Mas el justo por la fe vivirá.

Porque la ira de Dios se revela desde el cielo contra toda impiedad e injusticia de los hombres que detienen con injusticia la verdad.

Porque lo que de Dios se conoce les es manifiesto, pues Dios se lo manifestó.

Porque las cosas invisibles de Él, su eterno poder y deidad, se hacen claramente visibles desde la creación del mundo, siendo entendidas por medio de las cosas hechas, de modo que no tienen excusa.

Pues habiendo conocido a Dios, no le glorificaron como a Dios, ni le dieron gracias, sino que se envanecieron en sus razonamientos, y su necio corazón fue entenebrecido.

Profesando ser sabios, se hicieron necios

Romanos 1.16-22

Pues el propósito de este mandamiento es el amor nacido de corazón limpio, y de buena conciencia, y de fe no fingida.

De las cuales cosas desviándose algunos, se apartaron a vana palabrería.

Queriendo ser doctores de la ley, sin entender ni lo que hablan ni lo que afirman.

1 Timoteo 1.5-7

Si fuéremos infieles, Él permanece fiel; el no puede negarse a sí mismo.

2 Timoteo 2.13

Y a aquel que es poderoso para guardaros sin caída, y presentaros sin mancha delante de su gloria con gran alegría.

Al único y sabio Dios, nuestro Salvador, sea gloria y majestad, imperio y potencia, ahora y por todos los siglos. Amén.

Judas 24, 25

Cuando muere un ser Querido

Pero teniendo el mismo espíritu de fe, conforme a lo que está escrito: Creí, por lo cual hablé, nosotros también creemos, por lo cual también hablamos.

Sabiendo que el que resucitó al Señor Jesús, a nosotros también nos resucitará con Jesús, y nos presentará juntamente con vosotros.

2 Corintios 4.13, 14

Me rodearon ligaduras de muerte, me encontraron las angustias del Seol; angustia y dolor había yo hallado.

Entonces invoqué el nombre de Jehová, diciendo: oh Jehová, libra ahora mi alma.

Clemente es Jehová, y justo; sí, misericordioso es nuestro Dios.

Salmos 116.3-5

En tu mano encomiendo mi espíritu; tú me has redimido, oh Jehová, Dios de verdad.

Me gozaré y alegraré en tu misericordia, porque has visto mi aflicción; has conocido mi alma en las angustias.

No me entregaste en mano del enemigo; pusiste mis pies en lugar espacioso.

Ten misericordia de mí, oh Jehová, porque estoy en angustia; se han consumido de tristeza mis ojos, mi alma también y mi cuerpo.

Mas yo en ti confío, oh Jehová; digo: Tú eres mi Dios.

Salmos 31.5, 7-9.14

Jehová edifica a Jerusalén; a los desterrados de Israel recogerá.

El sana a los quebrantados de corazón, y venda sus heridas.

Salmos 147.2, 3

Mas ahora Cristo ha resucitado de los muertos; primicias de los que durmieron es hecho.

Porque por cuanto la muerte entró por un hombre, también por un hombre la resurrección de los muertos.

Porque así como en Adán todos mueren, también en Cristo todos serán vivificados.

Pero cada uno en su debido orden: Cristo, las primicias; luego los que son de Cristo, en su venida.

Luego el fin, cuando entregue el reino al Dios y Padre, cuando haya suprimido todo dominio, toda autoridad y potencia.

Porque preciso es que Él reine hasta que haya puesto a todos sus enemigos debajo de sus pies.

Y el postrer enemigo que será destruido es la muerte.

1 Corintios 15.20-26

He aquí, os digo un misterio: No todos dormiremos; pero todos seremos transformados.

En un momento, en un abrir y cerrar de ojos, a la final trompeta; porque se tocará la trompeta, y los muertos serán resucitados incorruptibles, y nosotros seremos transformados.

Porque es necesario que esto corruptible se vista de incorrupción, y esto mortal se vista de inmortalidad.

Y cuando esto corruptible se haya vestido de incorrupción, y esto mortal se haya vestido de inmortalidad, entonces se cumplirá la palabra que está escrita: Sorbida es la muerte en victoria.

¿Dónde está, oh muerte, tu aguijón? ¿Dónde, oh sepulcro, tu victoria?

1 Corintios 15.51-55

La paz os dejo, mi paz os doy; yo no os la doy como el mundo la da. No se turbe vuestro corazón, ni tenga miedo.

Juan 14.27

Cuando enfrenta Fracaso

Los que sembraron con lágrimas, con regocijo segarán.

Irá andando y llorando el que lleva la preciosa semilla; mas volverá a venir con regocijo, trayendo sus gavillas.

Salmos 126.5, 6

De cierto, de cierto os digo, que vosotros lloraréis y lamentaréis, y el mundo se alegrará; pero aunque vosotros estéis tristes, vuestra tristeza se convertirá en gozo.

La mujer cuando da a luz, tiene dolor, porque ha llegado su hora; pero después que ha dado a luz un niño, ya no se acuerda de la angustia, por el gozo de que haya nacido un hombre en el mundo.

También vosotros ahora tenéis tristeza; pero os volveré a ver, y se gozará vuestro corazón, y nadie os quitará vuestro gozo.

Juan 16.20-22

No hay como el Dios de Jesurún, quien cabalga sobre los cielos para tu ayuda, y sobre las nubes con su grandeza.

El eterno Dios es tu refugio, y acá abajo los brazos eternos; el echó de delante de ti al enemigo, y dijo: Destruye.

Deuteronomio 33.26, 27

Ten misericordia de mí, oh Dios, ten misericordia de mí; porque en ti ha confiado mi alma, y en la sombra de tus alas me ampararé hasta que pasen los quebrantos.

Clamaré al Dios Altísimo, al Dios que me favorece.

Él enviará desde los cielos, y me salvará de la infamia del que me acosa; *Selah* Dios enviará su misericordia y su verdad.

Salmos 57.1-3

Por cuanto todos pecaron, y están destituidos de la gloria de Dios.

Romanos 3.23

Pero la ley se introdujo para que el pecado abundase; mas cuando el pecado abundó, sobreabundó la gracia.

Romanos 5.20b

Porque: Toda carne es como hierba, y toda la gloria del hombre como flor de la hierba. La hierba se seca, y la flor se cae.

Mas la palabra del Señor permanece para siempre. Y esta es la palabra que por el evangelio os ha sido anunciada.

1 Pedro 1.24, 25

Así aconteció que en el día de la batalla no se halló espada ni lanza en mano de ninguno del pueblo que estaba con Saúl y con Jonatán, excepto Saúl y Jonatán su hijo, que las tenían.

1 Samuel 13.22

Hermanos, yo mismo no pretendo haberlo ya alcanzado; pero una cosa hago: olvidando ciertamente lo que queda atrás, y extendiéndome a lo que está delante.

Prosigo a la meta, al premio del supremo llamamiento de Dios en Cristo Jesús.

Filipenses 3.13, 14

Cuando sufre Persecución

Oh Dios, sálvame por tu nombre, y con tu poder defiéndeme.

Oh Dios, oye mi oración; escucha las razones de mi boca.

Porque extraños se han levantado contra mí, y hombres violentos buscan mi vida; no han puesto a Dios delante de sí. *Selah*

He aquí, Dios es el que me ayuda; el Señor está con los que sostienen mi vida.

Él devolverá el mal a mis enemigos; córtalos por tu verdad.

Voluntariamente sacrificaré a ti; alabaré tu nombre, oh Jehová, porque es bueno.

Porque Él me ha librado de toda angustia, y mis ojos han visto la ruina de mis enemigos.

Salmos 54.1-7

Mi vida está entre leones; estoy echado entre hijos de hombres que vomitan llamas; sus dientes son lanzas y saetas, y su lengua espada aguda.

Exaltado seas sobre los cielos, oh Dios; sobre toda la tierra sea tu gloria.

Red han armado a mis pasos; se ha abatido mi alma; hoyo han cavado delante de mí; en medio de Él han caído ellos mismos. *Selah*

Salmos 57.4-6

¿Qué, pues, diremos a esto? Si Dios es por nosotros, ¿quién contra nosotros?

Romanos 8.31

Estad atentos a mí, pueblo mío, y oídme, nación mía; porque de mí saldrá la ley, y mi justicia para luz de los pueblos.

Cercana está mi justicia, ha salido mi salvación, y mis brazos juzgarán a los pueblos; a mí me esperan los de la costa, y en mi brazo ponen su esperanza.

Alzad a los cielos vuestros ojos, y mirad abajo a la tierra; porque los cielos serán deshechos como humo, y la tierra se envejecerá como ropa de vestir, y de la misma manera perecerán sus moradores; pero mi salvación será para siempre, mi justicia no perecerá.

Oídme, los que conocéis justicia, pueblo en cuyo corazón está mi ley. No temáis afrenta de hombre, ni desmayéis por sus ultrajes.

Porque como a vestidura los comerá polilla, como a lana los comerá gusano; pero mi justicia permanecerá perpetuamente, y mi salvación por siglos de siglos.

Isaías 51.4-8

Así dijo Jehová tu Señor, y tu Dios, el cual aboga por su pueblo: He aquí he quitado de tu mano el cáliz de aturdimiento, los sedimentos del cáliz de mi ira; nunca más lo beberás.

Y lo pondré en mano de tus angustiadores, que dijeron a tu alma: Inclínate, y pasaremos por encima de ti. Y tú pusiste tu cuerpo como tierra, y como camino, para que pasaran.

Isaías 51.22, 23

Si el mundo os aborrece, sabed que a mí me ha aborrecido antes que a vosotros.

Si fuerais del mundo, el mundo amaría lo suyo; pero porque no sois del mundo, antes yo os elegí del mundo, por eso el mundo os aborrece.

Acordaos de la palabra que yo os he dicho: El siervo no es mayor que su señor. Si a mí me han perseguido, también a vosotros os perseguirán; si han guardado mi palabra, también guardarán la vuestra.

Mas todo esto os harán por causa de mi nombre, porque no conocen al que me ha enviado.

Juan 15.18-21

Solamente que os comportéis como es digno del evangelio de Cristo, para que o sea que vaya a veros, o que esté ausente, oiga de vosotros que estáis firmes en un mismo espíritu, combatiendo unánimes por la fe del evangelio.

Y en nada intimidados por los que se oponen, que para ellos ciertamente es indicio de perdición, mas para vosotros de salvación; y esto de Dios.

Porque a vosotros os es concedido a causa de Cristo, no sólo que creáis en Él, sino también que padezcáis por Él.

Teniendo el mismo conflicto que habéis visto en mí, y ahora oís que hay en mí.

Filipenses 1.27-30

Pero vosotros, amados, tened memoria de las palabras que antes fueron dichas por los apóstoles de nuestro Señor Jesucristo.

Los que os decían: En el postrer tiempo habrá burladores, que andarán según sus malvados deseos.

Estos son los que causan divisiones; los sensuales, que no tienen al Espíritu.

Pero vosotros, amados, edificándoos sobre vuestra santísima fe, orando en el Espíritu Santo.

Conservaos en el amor de Dios, esperando la misericordia de nuestro Señor Jesucristo para vida eterna.

Judas 17-21

Que estamos atribulados en todo, mas no angustiados; en apuros, mas no desesperados.

Perseguidos, mas no desamparados; derribados, pero no destruidos.

Llevando en el cuerpo siempre por todas partes la muerte de Jesús, para que también la vida de Jesús se manifieste en nuestros cuerpos.

2 Corintios 4.8-10

Cuando esta Cansado

Ten misericordia de mí, oh Jehová, porque estoy enfermo; sáname, oh Jehová, porque mis huesos se estremecen.

Mi alma también está muy turbada; y tú, Jehová, ¿hasta cuándo?

Vuélvete, oh Jehová, libra mi alma; sálvame por tu misericordia.

Porque en la muerte no hay memoria de ti; en el Seol, ¿quién te alabará?

Me he consumido a fuerza de gemir; todas las noches inundo de llanto mi lecho, riego mi cama con mis lágrimas.

Mis ojos están gastados de sufrir; se han envejecido a causa de todos mis angustiadores.

Apartaos de mí, todos los hacedores de iniquidad; porque Jehová ha oído la voz de mi lloro.

Salmos 6.2-8

Y en el día que Jehová te dé reposo de tu trabajo y de tu temor, y de la dura servidumbre en que te hicieron servir

Isaías 14.3

¿No has sabido, no has oído que el Dios eterno es Jehová, el cual creó los confines de la tierra? No desfallece, ni se fatiga con cansancio, y su entendimiento no hay quien lo alcance.

Él da esfuerzo al cansado, y multiplica las fuerzas al que no tiene ningunas.

Los muchachos se fatigan y se cansan, los jóvenes flaquean y caen.

Pero los que esperan a Jehová tendrán nuevas fuerzas; levantarán alas como las águilas; correrán, y no se cansarán; caminarán, y no se fatigarán.

Isaías 40.28-31

Se deshace mi alma de ansiedad; susténtame según tu palabra.

Salmos 119.28

Hubiera yo desmayado, si no creyese que veré la bondad de Jehová en la tierra de los vivientes.

Aguarda a Jehová; esfuérzate, y aliéntese tu corazón; sí, espera a Jehová.

Salmos 27.13, 14

Como pastor apacentará su rebaño; en su brazo llevará los corderos, y en su seno los llevará; pastoreará suavemente a las recién paridas.

Isaías 40.11

Porque todas estas cosas padecemos por amor a vosotros, para que abundando la gracia por medio de muchos, la acción de gracias sobreabunde para gloria de Dios.

Por tanto, no desmayamos; antes aunque este nuestro hombre exterior se va desgastando, el interior no obstante se renueva de día en día.

Porque esta leve tribulación momentánea produce en nosotros un cada vez más excelente y eterno peso de gloria.

No mirando nosotros las cosas que se ven, sino las que no se ven; pues las cosas que se ven son temporales, pero las que no se ven son eternas.

2 Corintions 4.15-18

No nos cansemos, pues, de hacer bien; porque a su tiempo segaremos, si no desmayamos.

Gálatas 6.9

No os dejaré huérfanos; vendré a vosotros.

Juan 14.18

Tú guardarás en completa paz a aquel cuyo pcnsamicnto en ti persevera; porque en ti ha confiado.

Confiad en Jehová perpetuamente, porque en Jehová el Señor está la fortaleza de los siglos.

Isaías 26.3, 4

Cuando se siente Solo

Compañero soy yo de todos los que te temen y guardan tus mandamientos.

Salmos 119.63

Tú eres mi refugio; me guardarás de la angustia; con cánticos de liberación me rodearás. *Selah*

Salmos 32.7

Con mi voz clamé a Dios, a Dios clamé, y Él me escuchará.
Al Señor busqué en el día de mi angustia; alzaba a Él mis manos de noche, sin descanso; mi alma rehusaba consuelo.

Salmos 77.1, 2a

Pues Jehová no desamparará a su pueblo, por su grande nombre; porque Jehová ha querido haceros pueblo suyo.

1 Samuel 12.22

Como aquel a quien consuela su madre, así os consolaré yo a vosotros, y en Jerusalén tomaréis consuelo.

Isaías 66.13

Pero yo a ti oraba, oh Jehová, al tiempo de tu buena voluntad; oh Dios, por la abundancia de tu misericordia, por la verdad de tu salvación, escúchame.
Sácame del lodo, y no sea yo sumergido; sea yo libertado de los que me aborrecen, y de lo profundo de las aguas.

No me anegue la corriente de las aguas, ni me trague el abismo, ni el pozo cierre sobre mí su boca.

Respóndeme, Jehová, porque benigna es tu misericordia; mírame conforme a la multitud de tus piedades.

No escondas de tu siervo tu rostro, porque estoy angustiado; apresúrate, óyeme.

Acércate a mi alma, redímela; líbrame a causa de mis enemigos.

Salmos 69.13-18

Él sana a los quebrantados de corazón, y venda sus heridas.

Salmos 147.3

Padre de huérfanos y defensor de viudas es Dios en su santa morada.

Dios hace habitar en familia a los desamparados; saca a los cautivos a prosperidad; mas los rebeldes habitan en tierra seca.

Salmos 68.5, 6

Entonces invocarás, y te oirá Jehová; clamarás, y dirá Él: Heme aquí. Si quitares de en medio de ti el yugo, el dedo amenazador, y el hablar vanidad.

Y si dieres tu pan al hambriento, y saciares al alma afligida, en las tinieblas nacerá tu luz, y tu oscuridad será como el mediodía.

Jehová te pastoreará siempre, y en las sequías saciará tu alma, y dará vigor a tus huesos; y serás como huerto de riego, y como manantial de aguas, cuyas aguas nunca faltan.

Isaías 58.9-11

De las misericordias de Jehová haré memoria, de las alabanzas de Jehová, conforme a todo lo que Jehová nos ha dado, y de la grandeza de sus beneficios hacia la casa de Israel, que les ha hecho según sus misericordias, y según la multitud de sus piedades.

Porque dijo: Ciertamente mi pueblo son, hijos que no mienten; y fue su Salvador.

En toda angustia de ellos Él fue angustiado, y el ángel de su faz los salvó; en su amor y en su clemencia los redimió, y los trajo, y los levantó todos los días de la antigüedad.

Isaías 63.7-9

Cuando un ser querido rechaza a Dios

Entonces hablaste en visión a tu santo, y dijiste: He puesto el socorro sobre uno que es poderoso; he exaltado a un escogido de mi pueblo.

Si dejaren sus hijos mi ley, y no anduvieren en mis juicios.

Si profanaren mis estatutos, y no guardaren mis mandamientos.

Entonces castigaré con vara su rebelión, y con azotes sus iniquidades.

Mas no quitaré de él mi misericordia, ni falsearé mi verdad.

No olvidaré mi pacto, ni mudaré lo que ha salido de mis labios.

Salmos 89.19, 30-34

He aquí que no se ha acortado la mano de Jehová para salvar, ni se ha agravado su oído para oír.

Isaías 59.1

Y Él os dio vida a vosotros, cuando estabais muertos en vuestros delitos y pecados.

En los cuales anduvisteis en otro tiempo, siguiendo la corriente de este mundo, conforme al príncipe de la potestad del aire, el espíritu que ahora opera en los hijos de desobediencia.

Entre los cuales también todos nosotros vivimos en otro tiempo en los deseos de nuestra carne, haciendo la voluntad de la carne y de los pensamientos, y éramos por naturaleza hijos de ira, lo mismo que los demás.

Pero Dios, que es rico en misericordia, por su gran amor con que nos amó.

Aun estando nosotros muertos en pecados, nos dio vida juntamente con Cristo (por gracia sois salvos)

Efesios 2.1-5

Esperé yo a Jehová, esperó mi alma; en su palabra he esperado.

Mi alma espera a Jehová más que los centinelas a la mañana, más que los vigilantes a la mañana.

Espere Israel a Jehová, porque en Jehová hay misericordia, y abundante redención con Él.

Salmos 130.5-7

Ahora pues, oye, Jacob, siervo mío, y tú, Israel, a quien yo escogí.

Así dice Jehová, Hacedor tuyo, y el que te formó desde el vientre, el cual te ayudará: No temas, siervo mío Jacob, y tú, Jesurún, a quien yo escogí.

Porque yo derramaré aguas sobre el sequedal, y ríos sobre la tierra árida; mi Espíritu derramaré sobre tu generación, y mi bendición sobre tus renuevos.

Y brotarán entre hierba, como sauces junto a las riberas de las aguas.

Isaías 44.1-4

Decid a los de corazón apocado: Esforzaos, no temáis; he aquí que vuestro Dios viene con retribución, con pago; Dios mismo vendrá, y os salvará.

Entonces los ojos de los ciegos serán abiertos, y los oídos de los sordos se abrirán.

Isaías 35.4, 5

Cantad alabanzas, oh cielos, y alégrate, tierra; y prorrumpid en alabanzas, oh montes; porque Jehová ha consolado a su pueblo, y de sus pobres tendrá misericordia.

Pero Sion dijo: Me dejó Jehová, y el Señor se olvidó de mí.

¿Se olvidará la mujer de lo que dio a luz, para dejar de compadecerse del hijo de su vientre? Aunque olvide ella, yo nunca me olvidaré de ti.

Isaías 49.13-15

Jesús le dijo: Hoy ha venido la salvación a esta casa; por cuanto él también es hijo de Abraham.

Porque el Hijo del Hombre vino a buscar y a salvar lo que se había perdido.

Lucas 19.9, 10